LA CONTAMINACIÓN ACÚSTICA MARINA COMO DELITO AMBIENTAL

Publicacions de la Universitat Rovira i Virgili
Av. Catalunya, 35 - 43002 Tarragona
Tel. 977 558 474 · publicacions@urv.cat
www.publicacions.urv.cat

1ª. edición: noviembre de 2024
ISBN (papel): 978-84-1365-157-6
ISBN (PDF): 978-84-1365-158-3

DOI: 10.17345/9788413651576
Depósito legal: T 1112-2024

LA CONTAMINACIÓN ACÚSTICA MARINA COMO DELITO AMBIENTAL

Lucia Di Giura

[publicacions] urv

Tarragona, 2024

Contenidos

Introducción

En el presente trabajo de investigación, nos proponemos llevar a cabo un estudio sobre la problemática de la contaminación acústica marina para tratar de poner en evidencia la importancia del ruido antropogénico submarino como factor contaminante en el medio marino y la gravedad de los efectos adversos que genera tanto para la fauna marina como para el ecosistema en general, incidiendo también en poblaciones humanas, con el objetivo de plantearnos si podemos recurrir al derecho penal como un mecanismo viable para actuar frente a este fenómeno, y si existe en el derecho penal español algún delito aplicable para casos de contaminación acústica marina.

En concreto, nos planteamos la posibilidad de encuadrar la contaminación acústica marina dentro de los delitos ambientales del Código Penal español, sosteniendo específicamente que resultan aplicables tanto el delito ecológico de contaminación regulado en el artículo 325 como los delitos contra la fauna silvestre protegida recogidos en el artículo 334.

De esta manera, desde el punto de vista metodológico, nos propusimos llevar a cabo la elaboración del presente trabajo teniendo como norte la comprobación de nuestra hipótesis. En primer lugar, comenzamos con una recopilación y revisión de la bibliografía existente en la materia, con el fin de contextualizar el problema de la contaminación acústica marina en su estado actual de conocimiento. Luego efectuamos un análisis del marco jurídico aplicable tanto a nivel internacional como de la Unión Europea y del derecho interno español, con la intención de conocer la existencia de regulación sobre el ruido submarino en los diferentes ámbitos y, en particular, cuál es el abordaje desde una perspectiva penal que se da a la contaminación acústica marina, con el propósito de encontrar en el derecho penal una herramienta útil para hacer frente a esta problemática, profundizando en la aplicabilidad de los dos artículos mencionados respecto a la contaminación acústica marina como delito ambiental.

Aclaramos primeramente que, aunque nos disponemos aquí al análisis de los delitos ambientales del Código Penal español que a nuestro entender resultan aplicables a los casos de contaminación acústica submarina, nos limitaremos a su mención con la intención de identificar si el derecho penal es una herramienta viable a la cual recurrir en estos casos, sin detenernos en un análisis penal de los delitos ambientales.

Más allá del análisis jurídico sobre estos delitos, lo que en particular pretendemos con el desarrollo de esta investigación es ahondar en la posibilidad de encontrar nuevos mecanismos o herramientas que nos permitan avanzar en la regulación de prácticas contaminantes en el medio marino y en la limitación de estas actividades en ciertas áreas o zonas de especial importancia biológica, con el objeto último de proteger y conservar la fauna marina.

Teniendo estas pretensiones como metas, en el primer capítulo estudiaremos la problemática de la contaminación acústica marina, ofreciendo un primer acercamiento a la materia a través de conceptos y características que nos permitan luego dimensionar la problemática. Mencionaremos en este apartado las diversas y más significativas fuentes del ruido antropogénico, tratando de dar cuenta de la inmensa cantidad de ruido que estas actividades generan en el medio marino, con el objetivo de poner en evidencia la necesidad de regulación y limitación de estas emisiones.

En un segundo capítulo nos detendremos en la exposición, a partir de la bibliografía consultada, de los impactos que el ruido antropogénico submarino tiene en la fauna marina y en los ecosistemas marinos en general, y cómo puede generar también efectos socioeconómicos adversos para las comunidades.

Una vez puestos de manifiesto los márgenes (todavía difusos) de la problemática que trabajamos, procederemos en el tercer capítulo a la comprobación de los objetivos propuestos inicialmente de identificar en el marco jurídico referido a la materia la existencia de disposiciones de índole penal o con trascendencia penal aplicables a este tipo de contaminación.

Así, en primer lugar, analizaremos el marco jurídico internacional referido al ruido submarino establecido tanto por instrumentos jurídicos adoptados por los Estados como también a través de resoluciones y decisiones de diversos organismos internacionales que tratan sobre el tema.

A continuación, nos detendremos en la mención del marco jurídico de la Unión Europea (UE) con el propósito de dilucidar la presencia de disposiciones referidas al ruido submarino que tengan trascendencia penal en el derecho penal español.

Procederemos entonces a la exposición del marco regulatorio establecido por la normativa española a fin de constatar si realmente, considerando las regulaciones existentes en la materia, la contaminación acústica marina puede encuadrarse en el derecho penal español como delito ambiental de contaminación o contra la fauna protegida, y así verificar si el derecho penal es viable como mecanismo de protección ambiental eficaz frente a supuestos de deterioro ambiental a causa del ruido antropogénico submarino.

De todos modos, somos conscientes de que, para que este mecanismo sea eficaz, dado que tratamos sobre normas penales en blanco (cuestión que abordaremos en los próximos capítulos), se requiere previamente el desarrollo de todo un conjunto de normativas y regulaciones administrativas de aplicación a las que pueda recurrirse ante su incumplimiento.

En consecuencia, lo que nos planteamos es la posibilidad de que, a partir de una adecuada regulación administrativa con el establecimiento y adecuada gestión de las áreas marinas protegidas, ante casos de incumplimiento por parte de empresas concesionarias de actividades contaminantes, se pueda recurrir a estos mecanismos sancionatorios con el objetivo de frenar conductas contaminantes y evitar impactos severos en el medio marino.

Nuestra intención en este trabajo de investigación es exponer la potencialidad de estos artículos como herramientas de protección ambiental.

1. La contaminación acústica en el medio marino

Los océanos cubren más del 70 % de la superficie de nuestro planeta y representan más del 90 % de los hábitats biológicamente útiles, albergando una enorme biodiversidad en sus ecosistemas marino-costeros. Asimismo, cumplen funciones esenciales de control del clima, regulan la temperatura, generan parte del oxígeno en la atmósfera y absorben grandes cantidades del dióxido de carbono que producimos. A su vez, los ecosistemas marinos son una importante fuente de alimentos y sustento para millones de personas. Estos datos reflejan la relevancia de los océanos para el desarrollo de la vida en la Tierra.[1]

Sin embargo, quizás la inmensidad de nuestros océanos llevó a la conclusión errada de que eran inagotables, de que no se verían afectados por la contaminación que causamos y de que podían absorber todos los desechos que se vierten en ellos. Pero hoy estamos comenzando a ver que esto no es así y que hemos afectado severamente a los ecosistemas marinos, reduciendo considerablemente su capacidad de resiliencia y llegando a la situación actual en la que los niveles de contaminación de los mares crecen a un ritmo alarmante.[2]

En los últimos años, hemos sumado además el conocimiento de las enormes cantidades de ruido que incorporamos al medio marino a través de las diversas actividades que llevamos a cabo en el océano, así como de los graves impactos que este genera.

El paisaje sonoro del océano, como lo describe Duarte,[3] está compuesto tanto por sonidos emitidos por la fauna marina, catalogados como biofonía, como por sonidos provenientes de fuentes geológicas, llamados geofonía. La biofonía consiste en los

1 Day, J. C.; Laffoley, D. y Zischka, K. (2019). «Gestión y manejo de áreas marinas protegidas». En: G.L. Worboys, M. Lockwood, A. Kothari, S. Feary e I. Pulsford (eds.). *Gobernanza y manejo de áreas protegidas*, pág. 653.

2 Leturia, M. F. y Nugoli, S. C. (2016). «La contaminación por hidrocarburos. El caso "Magdalena"». *Revista Anales de la Facultad de Ciencias Jurídicas y Sociales*. UNLP. Núm. 46, pág. 320.

3 Duarte, C.M. *et al.* (2021). «The soundscape of the Anthropocene ocean». *Science*, 371, eaba4658. <https://doi.org/10.1126/science.aba4658>.

sonidos biológicos que las diferentes especies marinas utilizan para diversas funciones biológicas esenciales, como comunicarse, detectar presas, etc., sean estos intencionales o no (llamados, chasquidos, cantos). La geofonía, por su parte, la constituyen los sonidos provenientes de fuentes geológicas, como movimientos tectónicos, mareas, olas o viento.

Como vemos, el medio marino tiene un paisaje sonoro propio que estamos afectando negativamente. El sonido submarino derivado de actividades antropogénicas ha aumentado durante el último siglo en algunas áreas a medida que el uso de los océanos se ha extendido y diversificado.[4]

Esta industrialización del océano a nivel global ha causado, desde la revolución industrial especialmente, un considerable aumento del ruido incorporado al medio marino a causa o consecuencia de las diversas actividades que los humanos desarrollamos tanto en las costas como en el mar, ruido denominado según el mismo autor como antrofonía.

Al mismo tiempo, hemos provocado una disminución considerable de las especies que habitan el fondo marino, ya sea a través de la pesca indiscriminada y abusiva, la contaminación de las aguas y el fondo marino, o la modificación y ocupación de hábitats, lo que ha causado el desplazamiento de especies y ha reducido todavía más la biofonía que componía los océanos, volviéndola menos diversa.

Asimismo, somos los generadores del cambio climático, factor que, además de los diversos impactos que provoca sobre el medio marino —como la acidificación de los océanos, el blanqueamiento de los arrecifes de coral y el aumento de la geofonía por la disminución de las masas de hielo polares y el incremento de tormentas y ciclones, entre otros factores que perjudican la biofonía—, hoy sabemos que también modifica directamente la temperatura, el contenido de calor y la estratificación del océano, causando que el sonido viaje aún más rápido en un océano más cálido.

Por otro lado, Duarte explica que la biofonía también puede reducirse allí donde los paisajes sonoros están muy contaminados por la antrofonía, lo que provoca que los animales dejen de vocalizar o se vean desplazados de los ecosistemas.

Probablemente, las aguas libres de hielo también conducirán a una mayor antrofonía a causa de una mayor facilidad de acceso y el incremento de la actividad humana (navegación, pesca y estudios sísmicos).

Vemos así que, en consecuencia, los paisajes sonoros del océano están cambiando rápidamente debido a la disminución masiva de animales productores de sonido, el aumento de fuentes emisoras de ruido antropogénico y la creciente contribución sonora de fuentes geofísicas, como la desaparición del hielo marino y las tormentas, a causa

---

4 Harding, S. y Cousins N. (2022). *Review of the Impacts of Anthropogenic Underwater Noise on Marine Biodiversity and Approaches to Manage and Mitigate them.* Technical Series No. 99. Secretariat of the Convention on Biological Diversity, Montreal, pág. 16.

del cambio climático.[5] Todos estos factores inciden en la forma en que la fauna marina usa el sonido y percibe el ruido submarino de origen antropogénico.[6]

En este contexto, deviene imprescindible ofrecer una conceptualización de ruido que nos permita entender el análisis que proponemos.

El término *sonido* se utiliza para referirse a la energía acústica radiada por un objeto en vibración en un medio elástico (aire o agua). El ruido, por su parte, es un sonido que no es una señal útil, es decir, no tiene valor adaptativo ni significado biológico para el receptor, y puede ser neutral o tener efectos adversos.[7]

A partir de lo expuesto, el ruido antropogénico puede ser conceptuado como la energía acústica emitida por actividades humanas que es percibida como molesta o desagradable por la fauna marina.

La contaminación del medio marino ha sido conceptualizada por la Convención de las Naciones Unidas sobre el Derecho del Mar,[8] cuyo artículo primero establece: «La introducción por el hombre, directa o indirectamente, de sustancias o energía en el medio marino incluidos los estuarios, que produzca o pueda producir efectos nocivos, tales como daños a los recursos vivos y a la vida marina, peligro para la salud humana, obstaculización de las actividades marítimas, incluidos la pesca y otros usos legítimos del mar para su utilización y menoscabo de los lugares de esparcimiento».

El ruido se encuentra incluido en este concepto como energía que es incorporada al medio marino. Por ello, podemos concluir que la incorporación al espacio marino de los ruidos que provocamos es definitivamente una forma de contaminación que puede y debe ser limitada y regulada.

La gran importancia del ruido como contaminación acústica en el océano viene dada por una serie de condiciones que se dan en el medio marino y que hacen de los sonidos elementos esenciales para el desarrollo de la fauna marina.

En primer lugar, el sonido se propaga en el medio acuático más rápido que en el aire. La velocidad del sonido en el agua es de 1.500 m/s, casi 4,5 veces superior a la velocidad del sonido en el aire (340 m/s). Y llega más lejos: dado que la absorción del sonido en el agua es mucho menor que en el aire, puede llegar a propagarse hasta miles de kilómetros.[9] Si bien estos factores permiten la comunicación de la fauna marina a grandes distancias, también implican que los impactos puedan llegar más lejos.

5 DUARTE, C.M. *et al.* (2021). «The soundscape of the Anthropocene…». *Op. cit.*, pág. 1.

6 HARDING, S. y COUSINS N. (2022). *Review of the Impacts of Anthropogenic Underwater Noise… Op. cit.*, pág. 9.

7 THOMSEN, F. *et al.* (2021). «Addressing underwater noise in Europe: Current state of knowledge and future priorities». En: KELLETT, P., VAN DEN BRAND, R., ALEXANDER, B., MUNIZ PINIELLA, A., RODRIGUEZ PEREZ, A., van ELSLANDER, J. y HEYMANS, J. J. (eds.). *Future Science Brief 7 of the European Marine Board*, Ostende, Bélgica, pág. 11.

8 Convención de las Naciones Unidas sobre el Derecho del Mar (UNCLOS, por sus siglas en inglés), adoptada en Montego Bay el 10 de diciembre de 1982, en vigor desde el 16 de noviembre de 1994, núm. 31363 (1904 UNTS 320).

9 DE HARO, J.C., PEREZ ORSI, H., CANÉ, S., DI PANGRACIO, A., FALABELLA, V. y SAPOZNIKOW, A. (2022). *Informe colaborativo sobre el estado de situación. Riesgos e impactos de la prospección sísmica en el Mar Argentino. Foro para la Conservación del Mar Patagónico y Áreas de Influencia*, pág. 16.

Así, «las propiedades distintivas del sonido subacuático en términos del alcance y la velocidad de transmisión de la señal y las limitaciones de otros sentidos como la vista, el tacto, el gusto y el olfato en el medio marino hacen del sonido un medio sensorial esencial para muchos animales marinos».[10] El paisaje sonoro es, por lo tanto, de gran importancia para muchas especies.

En palabras de André: «En el agua, la luz no penetra a pocos metros de la superficie, por eso es el sonido el que hace que el intercambio de información sea posible. Si eliminas ese canal, haces que el mar se desequilibre completamente. Esa es la menor consecuencia. La peor es que hay fuentes acústicas que introducimos a través de operaciones cuya intensidad en tan importante que puede ser letal si el receptor, animal o planta, se encuentra cerca del sonido».[11]

El sonido ha sido definido como una vibración mecánica que se propaga en un medio elástico como el aire y el agua. Por otro lado, sonido y ruido no son sinónimos. El término *sonido* se refiere y abarca cualquier energía acústica, mientras que el ruido «es un subconjunto de sonido no deseado por la entidad que lo oye».[12]

Por tal motivo, en la comprensión del sonido intervienen factores subjetivos, por lo que este puede ser considerado o no ruido dependiendo de quien lo recibe. A su vez, la percepción y la propagación del ruido dependerán de las diferentes características ambientales que presente un determinado medio. La mayor parte de la antrofonía es «ruido» en un sentido biológico, porque es una señal no natural y no deseada por la fauna marina.

Así las cosas, los océanos de hoy están invadidos por el rugido de motores, los sonares artificiales y las explosiones sísmicas, todo lo cual dificulta que los animales marinos cacen o se comuniquen.[13]

Se suma a ello una combinación de otros factores —como la urbanización, el aumento demográfico, el cambio climático o el crecimiento económico— que están provocando que los océanos del mundo se conviertan en un lugar cada vez más ruidoso. El campo de la investigación del ruido oceánico está creciendo rápidamente, pero lo hace mientras el entorno acústico del océano se degrada.[14]

---

10 Naciones Unidas (2018). «Océanos y derecho del mar». En: *Informe del Secretario General A/73/68. Asamblea General de las Naciones Unidas*, pág. 4.

11 Nota sobre Michel André en *El Mundo*: «El hombre que escucha los océanos». Consultada el 22/05/2022. Recuperado de: <https://planetainteligente.elmundo.es/personas/el-hombre-que-escucha-los-oceanos>.

12 De Haro, Cristian (2017). «Actividad hidrocarburífera off shore y prospecciones sísmicas en la Argentina. Impactos en la fauna marina, acciones de prevención y mitigación». En: *FRONTERAS*. Grupo de Ecología del Paisaje y Medio Ambiente (GEPAMA), Facultad de Arquitectura, Diseño y Urbanismo, Universidad de Buenos Aires. Núm. 15, pág. 64.

13 Haskell, D.G. (12 de abril de 2022). «An ocean of noise: how sonic pollution is hurting marine life». *The Guardian*. Recuperado de: <https://www.theguardian.com/environment/2022/apr/12/ocean-of-noise-sonic-pollution-hurting-marine-life>.

14 Williams, R. *et al.* (2015). «Impacts of anthropogenic noise on marine life: Publication patterns, new discoveries, and future directions in research and management». *Ocean Coast. Manag.*, 115. Pág. 23.

El ruido submarino de origen antropogénico puede tener diferentes aspectos o características según sea la fuente que lo produzca.

Así, el ruido puede ser provocado como producto, es decir, intencionadamente, como en el caso de las prospecciones sísmicas, por ejemplo; o como subproducto, a consecuencia de determinadas actividades cuya realización produce sonidos no deseados en el medio marino y no intencionales, como es el caso del transporte marítimo.

Por otro lado, el ruido puede ser impulsivo o continuo: «Los ruidos impulsivos son aquellos compuestos por una gran intensidad sonora de corta duración, con un gran cambio de amplitud durante un breve lapso. Pueden ser un evento único o repetitivo».[15] Ejemplos de ruido impulsivo son los producidos por explosiones, pistolas de aire sísmicas y el hincado de pilotes.

Los sonidos no impulsivos o continuos suelen ser de menor intensidad y, aunque pueden variar de intensidad, se mantienen relativamente constantes por un periodo considerable de tiempo. Ejemplos de sonidos no impulsivos son los generados por las hélices de barcos, las actividades industriales (por ejemplo, la perforación y el dragado) y las operaciones de energía renovable.

Las zonas en las que se llevan a cabo mayores actividades antropogénicas suelen ser las costeras, en particular las rutas marítimas con altos niveles de tráfico, donde es más intenso el ruido antropogénico submarino.[16]

La actividad humana en el océano continuará intensificándose, lo que aumentará aún más la presión sonora y los impactos sobre la fauna marina, que ya sufre numerosas amenazas como el cambio climático, la sobreexplotación y la contaminación. De modo que hoy deviene imprescindible disponernos a la regulación y limitación del ejercicio de actividades antropogénicas en el mar, procurando conservar al menos las áreas especialmente sensibles y de gran importancia biológica del medio marino.

1.1 Principales causas de contaminación acústica en el medio marino

La contaminación acústica del medio marino es causada principalmente por el transporte marítimo, la exploración de petróleo y gas, y el uso de sonares, actividades que han sido reconocidas como las fuentes más significativas del ruido antropogénico submarino en la actualidad. A su vez, «el crecimiento de la población, la migración a las zonas costeras, el aumento de la industrialización, el continuo avance de la extracción de hidrocarburos, el turismo y otros desarrollos provocarán un aumento de las activi-

15 Naciones Unidas (2018). «Océanos y derecho…». *Op. cit.*, pág. 4.
16 Naciones Unidas (2018). «Océanos y derecho…». *Op. cit.*, pág. 2.

dades que contribuyen al ruido antropogénico, a menos que vayan acompañados de esfuerzos de mitigación».[17]

Una vez presentado y conceptualizado el ruido como elemento contaminante, mencionaremos y analizaremos las principales fuentes generadoras de ruido de origen antropogénico en el medio marino de la actualidad, sobre todo aquellas que entendemos que es necesario regular.

1.1.1 Transporte marítimo

La primera de las fuentes que nos disponemos a abordar es el transporte marítimo, que constituye a día de hoy el principal contribuyente antropogénico al ruido oceánico debido a la enorme cantidad de embarcaciones que recorren los mares. Más preocupante aún es que la tendencia sea a que este número se incremente.

Como principal vehículo del comercio mundial (80 % en volumen), el transporte marítimo —y la contaminación acústica resultante— está estrechamente relacionado con la actividad económica mundial.[18] El desarrollo de la economía y del comercio a escala global ha generado la continua expansión de la navegación mercante, todavía en aumento en todo el mundo.

La afectación al medio marino por el transporte marítimo no se distribuye de igual manera en los océanos. Los mayores impactos producidos por esta fuente tienen lugar principalmente en las rutas marítimas más importantes, en las proximidades de los principales puertos comerciales y en los estrechos, con densidades más altas en el hemisferio norte a lo largo de las rutas de navegación más utilizadas.[19]

Para ilustrar su dimensión, citaremos algunos datos que nos permiten contextualizar la problemática. Así, *The Guardian*[20] ha publicado recientemente que, mientras que en la década de 1950 surcaban los océanos del mundo unos 30.000 buques mercantes, ahora lo hacen unos 100.000, muchos de ellos con motores mucho más grandes. Asimismo, el tonelaje de la carga se ha multiplicado por diez: «El volumen mundial del comercio marítimo ha aumentado constantemente (excepto en 1985 y 2009), alcanzando los 10.700 millones de toneladas en 2017 (Conferencia de las Naciones Unidas sobre Comercio y Desarrollo, 2018)».[21]

Una cuestión interesante para mencionar aquí es la disminución de los niveles de ruido constatados durante el periodo de confinamiento impuesto por numerosos Estados a causa de la pandemia de COVID-19. Así, se ha constatado a través de me-

17 Širović, A. *et al.* (2021). «Chapter 20: Trends in inputs of anthropogenic noise into the marine environment». En: *The Second World Ocean Assessment WORLD OCEAN ASSESSMENT II. Volume II (WOA II)*. Oficina de Asuntos Jurídicos de las Naciones Unidas, pág. 310.

18 Merchant, N.D. (2019). «Underwater noise abatement: Economic factors and policy options». *Environmental Science and Policy*, 92, pág. 118.

19 Širović, A. *et al.* (2021). «Chapter 20: Trends in inputs of anthropogenic…». *Op. cit.*, pág. 307.

20 Haskell, D.G. (12 de abril de 2022). «An ocean of noise: how sonic pollution…». *Op. cit.*

21 Širović, A. *et al.* (2021). «Chapter 20: Trends in inputs of anthropogenic…». *Op. cit.*, pág. 307.

diciones[22] una disminución real del ruido submarino causado principalmente por el transporte marítimo como consecuencia de la reducción de los intercambios comerciales, del transporte de pasajeros y del turismo.[23] Esta disminución del ruido submarino se ha evidenciado también por la presencia inusual de especies marinas cerca de áreas normalmente ruidosas como puertos o zonas costeras donde no se ven regularmente.[24] Todo ello refleja los efectos generados en condiciones habituales.

Ahora bien, continuando el análisis de esta fuente, la capacidad de contaminación sonora de las diversas embarcaciones depende de diferentes aspectos como su tamaño, antigüedad, velocidad y condiciones.

Es sabido que el factor que provoca la mayor fuente de sonido en las embarcaciones suele ser la cavitación de la hélice. Este fenómeno se produce a raíz de la formación de nubes de burbujas detrás de la hélice. Se crean burbujas de todos los tamaños, luego crecen, vibran y colapsan, produciendo un espectro de ruido de banda ancha general que va desde unos pocos Hz hasta más de 100 kHz.[25]

A su vez, el ruido de cavitación aumenta con la velocidad, el tamaño y la carga de la embarcación. Los barcos medianos (50-100 m), por ejemplo, emiten sonidos de cavitación continua en el rango de 165-180 dB re 1 µPa; los grandes buques superpetroleros y portacontenedores, por su parte, tienen un rango sonoro de cavitación continuo de entre 180-219 (dB re 1 µPa a 1 m).[26]

Dado que los botes y los barcos operan en la superficie del agua y la hélice se encuentra, como máximo, a unos pocos metros por debajo de la superficie, el ruido emitido se refleja en la superficie del agua y genera un patrón de emisión de ruido fuertemente dirigido hacia abajo. Esto significa que el ruido de las embarcaciones se irradia muy bien a grandes profundidades en el océano.[27]

Además de la hélice, las embarcaciones generan otras fuentes de ruido provenientes de los motores y las máquinas, y también puede haber múltiples fuentes que provocan ruido desde diferentes lugares del barco en frecuencias y direcciones diversas, lo que genera un campo de ruido complejo.

En consecuencia, la intensidad del flujo constante de las rutas marítimas genera ruido que se extiende a grandes distancias.

22 Lecocq, T. *et al.* (2020). «Global quieting of high-frequency seismic noise due to COVID-19 pandemic lockdown measures». *Science, 369(6509)*, 1338-1343.

23 Fenómeno también evidenciado en OceanCare (2021). «Quiet Waters for Whales and Dolphins: the one-time opportunity to avoid, reduce and mitigate noise-generating activities in the Mediterranean Cetacean Migration Corridor», donde se constata que durante la pandemia hubo una fuerte caída del tráfico de cruceros en varios puertos del litoral peninsular como Barcelona, Palma, Valencia, Mahón e Ibiza.

24 Duarte, C.M. *et al.* (2021). «The soundscape of the Anthropocene…». *Op. cit.*, pág. 7.

25 Erbe, C., Marley, S.A., Schoeman, R.P., Smith, J.N., Trigg, L.E. y Embling, C.B. (2019). «The Effects of Ship Noise on Marine Mammals - A Review». *Front. Mar. Sci*, pág.3.

26 Širović, A. *et al.* (2021). «Chapter 20: Trends in inputs of anthropogenic…». *Op. cit.*, pág. 310.

27 Erbe, C. *et al.* (2019). «The Effects of Ship Noise…». *Op. cit.*, pág. 3.

Un dato importante que cabe destacar es que más de la mitad del ruido generado por el transporte marítimo en los océanos proviene de una minoría de barcos, que a menudo son las embarcaciones más antiguas y menos eficientes.[28]

Según estudios, la mitad del total de la potencia sonora es emitida por solo el 15 % de los barcos, compuesto principalmente por los grandes buques de carga y los portacontenedores que son los que contaminan en mayor medida, ya que durante la navegación emiten ruidos de baja frecuencia con niveles de fuente superiores a 179,0 dB. [29]

Este es un dato que hay que considerar en cuanto a esta fuente de contaminación acústica, ya que silenciar a esta minoría de buques podría reducir significativamente el aporte total de ruido del transporte marítimo al conjunto de ruidos en los océanos.[30]

Otro de los aspectos que merece la pena abordar en este contexto tiene que ver con la velocidad de las embarcaciones, ya que es un factor esencial en la cantidad de emisión sonora de un barco. Como ya hemos mencionado, el ruido emitido por la hélice depende en gran medida de la velocidad del buque, por lo que, a mayor velocidad, mayor intensidad de ruido generado. De modo que la regulación de límites de velocidad puede reducir y evitar el ruido de cavitación de la hélice.

La relevancia de estos datos proviene de las opciones de regulación y mitigación que podrían aplicarse principalmente a estos buques, lo cual significaría un gran avance en la disminución de los niveles de ruido que incorporamos al medio marino. Sin embargo, por cuestiones de extensión del presente trabajo, no nos detendremos en este punto.

A todo lo expuesto hasta ahora se suman el desarrollo de actividades turísticas costeras, industria también en crecimiento, como los avistamientos de fauna marina y las actividades de buceo, y las embarcaciones turísticas que navegan por las costas, que constituyen igualmente una fuente de ruido que impacta sobre todo también en las zonas costeras.

Así, cerca de la costa, el tráfico de botes pequeños añade otra capa de sonido más aguda. El número de embarcaciones de recreo en los EE. UU., por ejemplo, ha aumentado un 1 % al año durante las últimas tres décadas. En la costa de Australia, la tasa anual de incremento del número de embarcaciones pequeñas ha alcanzado recientemente hasta el 3 %.[31]

Si bien el sonido producido por este tipo de embarcaciones no se propaga tan lejos ni tiene el mismo impacto que el de los grandes buques, ya que no emite sonidos a

---

28 Haskell, D.G. (12 de abril de 2022). «An ocean of noise: how sonic pollution…». *Op. cit.*

29 Veirs, S., Veirs, V., Williams, R., Jasny, M. y Wood, J. (2018). «A key to quieter seas: half of ship noise comes from 15% of the fleet», pág. 1.

30 *Ibidem.*

31 Haskell, D.G. (12 de abril de 2022). «An ocean of noise: how sonic pollution…». *Op. cit.*

bajas frecuencias, sí que afecta considerablemente a las aguas costeras por la emisión de sonidos de alta frecuencia provocados por una rotación más rápida de la hélice.[32]

Por ello, en algunas zonas marítimas de gran tráfico recreativo el nivel de ruido submarino puede ser también alto, particularmente en bahías y/o puertos, y para muchos animales que viven en aguas costeras es la fuente de sonido dominante.

De hecho, las embarcaciones de recreo han sido identificadas como las principales responsables del sonido ambiental de frecuencia media en algunos hábitats costeros.[33]

En el marco del transporte marítimo se han estudiado (y se estudian) diversas maneras de mitigar los efectos de la contaminación sonora que las embarcaciones provocan sobre el medio marino. En este sentido, por ejemplo, la Organización Marítima Internacional (OMI) impulsó una serie de directivas en el año 2014, las cuales serán abordadas en los próximos capítulos. Por otro lado, se realizan esfuerzos principalmente en el diseño y la construcción de los buques con el objetivo de minimizar los ruidos provocados por los motores de las embarcaciones.

Asimismo, algunos puertos como el de Vancouver han establecido normativas de cumplimiento voluntario con el fin de fomentar que las embarcaciones que naveguen por sus aguas disminuyan la velocidad, reduciendo así el ruido marino. A través de su programa EcoAction, recompensa a los barcos certificados como silenciosos por las sociedades de clasificación de barcos, y en 2017 puso a prueba una desaceleración voluntaria en el estrecho de Haro con un límite de velocidad de 11 nudos cuyo cumplimiento comportaba la entrega de 500 dólares.[34] Más del 80 % de los buques se han sumado a esta iniciativa.[35]

Sin embargo, es también necesario reconocer que la reducción de la velocidad de los buques comporta también que la embarcación pase más tiempo emitiendo sonidos continuos, lo que aumenta el tiempo de exposición de las especies a niveles de ruido más bajos.

Como hemos podido conocer en el marco de la investigación, el ruido emitido por un barco petrolero a 6,8 Hz podría detectarse a una distancia comprendida entre los 139 y los 463 km.[36] Para hacernos una idea de la incidencia del ruido, si una ballena se encuentra a 200 metros de un barco portacontenedores o a 100 metros de un bote más pequeño con motor fuera de borda, su rango de ecolocalización se reduce en un 95 %.[37]

32 Ministerio de Agricultura, Alimentación y Medio Ambiente (2012). «Documento técnico sobre impactos y mitigación de la contaminación acústica marina». Madrid. Pág. 90.
33 Harding, S. y Cousins N. (2022). *Review of the Impacts of Anthropogenic Underwater Noise… Op. cit.*, pág. 37.
34 Veirs, S. *et al.* (2018). «A key to quieter seas: half of ship noise…». *Op. cit.*, pág. 6.
35 Haskell, D.G. (12 de abril de 2022). «An ocean of noise: how sonic pollution…». *Op. cit.*
36 Redondo L. y Ruiz Mateo A. (2017). «Ruido subacuático: fundamentos, fuentes, cálculo y umbrales de contaminación ambiental». *Ingeniería Civil* 186/2017, pág. 80.
37 Haskell, D.G. (12 de abril de 2022). «An ocean of noise: how sonic pollution…». *Op. cit.*

Por todo lo expuesto, y teniendo en cuenta que hablamos solo de una de las fuentes de contaminación acústica que afectan a los océanos, consideramos que resulta imprescindible aplicar el principio de precaución y comenzar a regular en consecuencia el nivel de ruido antropogénico submarino producido por las embarcaciones, fundamentalmente atendiendo al hecho de que «el tráfico marítimo produce contaminación acústica a escalas espaciales muy grandes, a frecuencias coincidentes con la mayor parte del ruido ambiente de importancia para la fauna, y ha elevado ya el nivel del contaminante "ruido" de forma significativa en los océanos».[38]

1.1.2 Prospecciones sísmicas

Otra de las principales fuentes de contaminación acústica en los océanos son las prospecciones sísmicas para el estudio de los fondos marinos, con el objeto de la investigación científica en algunos casos, pero mayormente en el marco de la exploración para la extracción de hidrocarburos del fondo marino.

La prospección sísmica es el uso de sonido para obtener imágenes de las estructuras geológicas del fondo marino; y es la técnica geofísica marina predominante a nivel internacional empleada por la industria del petróleo y el gas en alta mar para ubicar yacimientos para perforar y extraer hidrocarburos.[39]

La actividad de exploración sísmica genera sonidos de tipo impulsivo (a diferencia del transporte marítimo), de baja frecuencia y a gran intensidad dirigidos hacia el fondo marino. Cuando dichos sonidos se reflejan, se pueden definir los diferentes estratos geológicos. «El sonido reflejado se procesa para proporcionar información acerca de la estructura y composición de las formaciones geológicas por debajo del lecho marino con el objetivo de identificar posibles yacimientos de hidrocarburos.»[40]

Más específicamente, la prospección sísmica consiste en emitir energía acústica desde buques de investigación sísmica a través de cañones de aire comprimido que se disparan a intervalos regulares de entre 6 a 20 segundos y a lo largo de rutas predeterminadas. Los cañones liberan un volumen de aire a alta presión que crea una onda de sonido a partir de la expansión y contracción de la burbuja de aire liberada.[41] Estos conforman una estructura de entre 12 a 18 cañones, cuyo disparo se produce de manera simultánea para sumar su potencia, los cuales son remolcados por una nave de exploración a unos 5 nudos y a una profundidad entre 4 a 10 metros. Las ondas emitidas impactan sobre el fondo marino y reflejan señales que son captadas por un sistema

38 Ministerio de Agricultura, Alimentación y Medio Ambiente (2012). «Documento técnico sobre impactos y mitigación…». *Op. cit.*, pág. 93.

39 Širović, A. *et al.* (2021). «Chapter 20: Trends in inputs of anthropogenic…». *Op. cit.*, pág. 307.

40 Redondo L. y Ruiz Mateo, A. (2017). «Ruido subacuático: fundamentos, fuentes, cálculo…». *Op. cit.* pág. 79.

41 Harding, S. y Cousins, N. (2022). *Review of the Impacts of Anthropogenic Underwater Noise… Op. cit.*, pág. 34.

de hidrófonos y procesados en ordenadores dentro del buque, a partir de los cuales se pueden luego obtener imágenes del fondo y del subsuelo marino.[42]

El nivel sonoro emitido hacia el fondo puede alcanzar valores de hasta 260-265 dB re 1 μPa4, y cada proceso, dependiendo del estudio, puede durar varias horas. Por otro lado, las labores de investigación pueden extenderse varios meses, con cientos de trayectos exploratorios. Los estudios sísmicos marinos pueden ser bidimensionales (2D) o tridimensionales (3D).Según el tipo de estudio utilizado, serán la extensión y la duración de la exposición a altos niveles de sonido.[43]

En el marco de la exploración sísmica, hay que considerar una serie de factores cuya intervención en la transmisión del sonido en el medio acuático genera una mayor incidencia del ruido en los océanos y vuelve aún más preocupante la emisión sonora de la exploración sísmica y de todas las fuentes en general.

En primer lugar, dependiendo de las características de las emisiones, estas pueden afectar a cuencas oceánicas enteras a medida que las señales de baja frecuencia se propagan en rangos significativos.[44] Estos estudios sísmicos se pueden escuchar hasta a 2.500 millas de distancia.

Otro fenómeno que puede darse es la transmisión del sonido a larga distancia (cientos y hasta miles de kilómetros) con poca pérdida de energía a través de los llamados canales sónicos. A su vez, «pueden generarse reflejos múltiples de ondas en el fondo y en la superficie que confluyen en puntos de convergencia de alta presión acústica (incluso a varios kilómetros de la fuente), y dejar zonas de sombra (con baja presión acústica) entre dichos puntos».[45]

Si bien es una práctica que comenzó a implementarse hace ya varios años, en los últimos tiempos ha tomado una relevancia mucho mayor, extendiéndose a áreas cada vez más lejanas de la costa, mar adentro, en el afán de continuar satisfaciendo una demanda de hidrocarburos aún creciente, contraria a los compromisos climáticos internacionales asumidos por los Estados. Todo esto conlleva un mayor potencial de impacto entre las especies, en especial de cetáceos, que se cree son más vulnerables a los pulsos sísmicos de baja frecuencia.[46]

La actividad de los estudios sísmicos aumentó a finales de la década de 2000 y a principios de la de 2010 debido al incremento de los precios del petróleo crudo, en particular en áreas como el Atlántico sur y el mar Mediterráneo.[47] Por ejemplo, solo en

42 Redondo, L. y Ruiz Mateo, A. (2017). «Ruido subacuático: fundamentos, fuentes, cálculo…». *Op. cit.* pág. 79.
43 *Ibidem.*
44 Širović, A. *et al.* (2021). «Chapter 20: Trends in inputs of anthropogenic…». *Op. cit.*, pág. 305.
45 De Haro, J.C., Perez Orsi, H., Cané, S., Di Pangracio, A., Falabella, V. y Sapoznikow, A. (2022). *Informe colaborativo sobre el estado de situación… Op. cit.*, pág. 17.
46 Redondo, L. y Ruiz Mateo, A. (2017). «Ruido subacuático: fundamentos, fuentes, cálculo…». *Op. cit.* pág. 79.
47 Širović, A. *et al.* (2021). «Chapter 20: Trends in inputs of anthropogenic…». *Op. cit.*, pág. 305.

la zona de ACCOBAMS se han inventariado alrededor de 830 áreas de exploración en los últimos diez años.[48]

La situación incluso se ha agravado últimamente, ya que a partir de los continuos avances tecnológicos, «la creciente demanda de petróleo y gas natural, y el hecho de que varios países obtuvieran derechos soberanos sobre la plataforma continental ampliada (reclamados ante la Convención de las Naciones Unidas sobre el Derecho del Mar), han impulsado la expansión de la frontera hidrocarburífera en todo el mundo, y consecuentemente el alcance espacial y temporal de los estudios sísmicos, sobre todo en áreas previamente inexploradas».[49]

Por otro lado, como dijimos al iniciar el apartado, los estudios sísmicos no solo se llevan a cabo en el marco de la extracción de hidrocarburos, sino que también se realizan con fines de investigación, incluso en áreas prístinas que no reciben el impacto de actividades comerciales, como el océano Austral. Asimismo, también se efectúan estudios geofísicos de alta resolución en zonas costeras para la construcción de infraestructura crítica.[50]

En el volumen II de la *Evaluación Mundial de los Océanos de Naciones Unidas*,[51] se informa que las áreas marinas de todos los continentes excepto la Antártida están siendo objeto de exploración sísmica activa. El golfo de México, por ejemplo, tiene uno de los niveles de actividad más altos del mundo, y la exploración en aguas profundas es la fuente dominante de ruido ambiental de baja frecuencia en esa región.

Con todo lo expuesto se demuestra que las prospecciones sísmicas en el mar son un importante contribuyente al ruido oceánico y pueden generar impactos negativos en la vida marina, lo que las convierte en una amenaza potencial no solo por el impacto de la exploración sísmica, sino también por las consecuentes etapas de explotación de la industria de hidrocarburos, particularmente por el riesgo de vertidos de petróleo, todo ello sumado al contexto actual de crisis climática que atravesamos.

Para concluir este punto, queremos citar las palabras de Nápoli, quien resume que «evaluar la posibilidad de seguir ampliando la frontera hidrocarburífera en el país [agregamos a escala global] bajo las condiciones de crisis climática que tenemos hoy es cuanto menos irresponsable».[52]

---

48 MAGLIO, A.; PAVAN, G.; CASTELLOTE, M. y FREY S. (2016). «Overview of the noise hotspots in the ACCOBAMS Area – Part I – Mediterranean Sea». A report prepared for the Agreement on the Conservation of Cetaceans in the Black Sea, Mediterranean Sea and Contiguous Atlantic Area (ACCOBAMS). Mónaco. Recuperado de: <https:// accobams.org/wp-content/ uploads/2020/01/MOP6.Doc28Rev1_Overview_noise_hot_spots_-ACCOBAMS_ area_Part_Mediterranean.pdf.> Pág. 17.

49 DE HARO, J.C.; PEREZ ORSI, H.; CANÉ, S.; DI PANGRACIO, A.; FALABELLA, V. y SAPOZNIKOW, A. (2022). *Informe colaborativo sobre el estado de situación… Op. cit.*, pág. 24.

50 ŠIROVIĆ, A. *et al.* (2021). «Chapter 20: Trends in inputs of anthropogenic…». *Op. cit.*, pág. 305.

51 *Ibidem.*

52 Andrés Nápoli, en audiovisual del Foro para la Conservación del Mar Patagónico y Áreas de Influencia: «Riesgos e impactos de la prospección sísmica en la biodiversidad del mar argentino». Recuperado de: <https://www.youtube.com/watch?v=jfebE_DjXLo>

1.1.3 Sónares y detonaciones militares

Detonaciones

La principal fuente contaminante en términos de intensidad son las explosiones que se provocan en el marco de los ejercicios militares, aunque no son eventos habituales, al menos en la actualidad.

Estas detonaciones se producen con el objetivo de probar diferentes armamentos o la resistencia de los buques, y pueden ser de distinta magnitud dependiendo del armamento testado y de los objetivos de las maniobras. Constituyen una de las fuentes más significativas en términos cuantitativos de emisión de ruido antropogénico submarino, ya que estas pruebas llegan a producir emisiones de sonido de baja frecuencia con un nivel de presión acústica máxima de hasta 299 dB re 1 µPa a 1 m.[53]

Por ello, se consideran como la principal fuente de contaminación impulsiva, y, en particular, en el medio acuático son más dañinas que las explosiones en aire debido a las características físicas de la propagación de la onda expansiva,[54] por lo que su incidencia es mucho mayor.

Sonares

El uso de sonares tanto militares como civiles constituye también una fuente de contaminación acústica de gran impacto. El sonar fue, de hecho, el primer sonido antropogénico que se introdujo deliberadamente en los océanos a gran escala.[55]

Estos sistemas de sonar generan intencionadamente energía acústica a fin de reunir información sobre objetos. Se utilizan en la cartografía de fondos marinos, así como en la búsqueda y detección de submarinos y bancos de peces. Dependiendo de su cometido, varía la intensidad de la emisión sonora. «Si bien mayormente operan con una frecuencia de sonido determinada, generan otras frecuencias como subproductos, que pueden producir efectos más amplios que la frecuencia principal empleada, especialmente a frecuencias bajas, que se propagan a mayor distancia bajo el agua.»[56]

Nos detendremos en primer lugar en los sonares militares. En el marco de las actividades militares, se llevan a cabo numerosas tareas que generan ruido en los océanos tanto de forma intencionada como no deseada. Los buques de guerra emplean rutinariamente el sonar con para detectar submarinos o cartografiar la geología marina.

---

53 Ministerio de Agricultura, Alimentación y Medio Ambiente (2012). «Documento técnico sobre impactos y mitigación…». *Op. cit.*, pág. 42.
54 *Ibidem.*
55 Harding, S. y Cousins, N. (2022). *Review of the Impacts of Anthropogenic Underwater Noise… Op. cit.*, pág. 35.
56 Naciones Unidas (2018). «Océanos y derecho…». *Op. cit.*, pág. 5.

Al principio, los sonares funcionaban en su mayoría emitiendo sonido a frecuencias medias, pero en las últimas décadas se han desarrollado sonares de baja frecuencia que pueden alcanzar distancias mucho mayores de detección, pues las frecuencias bajas son menos absorbidas por las moléculas de agua.[57] En consecuencia, los impactos de estas actividades se extienden por áreas más amplias. Al emitir grandes intensidades de sonido a baja frecuencia, estos sonares se convierten en una peligrosa fuente de contaminación acústica, quedando solo por debajo de las prospecciones sísmicas y las explosiones militares.

Como decíamos, la mayoría de los buques militares utilizan sonares de baja frecuencia para la vigilancia militar a gran escala, diseñados para emitir señales sonoras en escalas de cientos de kilómetros las cuales serán recibidas por plataformas de escucha pasiva con el objeto de detectar submarinos.[58]

Estos sistemas se utilizan tanto en contextos bélicos (no muy frecuentes) como en maniobras de entrenamiento, que son las principales responsables de la exposición de los mamíferos marinos a los sonares militares.[59]

Si bien las reglamentariamente establecen que los sonares deben funcionar dentro de las áreas de ejercicios determinadas, afectan a zonas mucho más extensas de las previstas, sin contar que también suelen usarse fuera de estas áreas en determinadas ocasiones.

Los sistemas de sonar militares, como mencionamos, usaron inicialmente sonares de frecuencias medias, aún en uso, que emiten intermitentemente pulsos formados por tonos de frecuencia modulada, normalmente en el rango entre 2 y 8 kHz, alcanzando intensidades de emisión mayores de 235 dBRMS re 1 µPa a 1 m.[60]

Los sistemas de sonar actualmente más usados operan en mayor medida a bajas frecuencias para ampliar el rango espacial de detección de submarinos. Emiten tonos modulados por debajo de 700 (500) Hz, con directividad horizontal y ciclos de trabajo altos. Uno de los sónares más importantes de este tipo es el SURTASS LFAS, desarrollado por la Armada de EE. UU., que está constituido por hasta dieciocho transductores, cada uno con un nivel de emisión de 215 dB re 1 µPa a 1 m, lo que genera un nivel de emisión conjunta de hasta 240 dB re 1 µPa a 1 m.[61] Otro sistema de sonares de baja frecuencia, el denominado TVDS, es utilizado por los investigadores de la OTAN y tiene un nivel de emisión de hasta 228 dB re 1 µPa RMS a 1 m.[62]

---

57 Ministerio de Agricultura, Alimentación y Medio Ambiente (2012). «Documento técnico sobre impactos y mitigación…». Op. cit., pág. 42.
58 Harding, S. y Cousins N. (2022). Review of the Impacts of Anthropogenic Underwater Noise… Op. cit., pág. 35.
59 Naciones Unidas (2018). «Océanos y derecho…». Op. cit., pág. 5.
60 Ministerio de Agricultura, Alimentación y Medio Ambiente (2012). «Documento técnico sobre impactos y mitigación…». Op. cit., pág. 43.
61 Ministerio de Agricultura, Alimentación y Medio Ambiente (2012). «Documento técnico sobre impactos y mitigación…». Op. cit., pág. 43.
62 Ibidem.

Aunque los niveles máximos sean similares en ambos tipos de sonar, la energía emitida es mucho mayor en los de frecuencia baja debido a la larga duración de sus pulsos.[63]

Tras diversos varamientos de cetáceos, se procedió a una profunda investigación y a establecer ciertas regulaciones sobre el uso de sonares militares, pero siguen en funcionamiento sobre la base de razones de seguridad nacional. La Armada de los Estados Unidos, por ejemplo, dispone de cuatro barcos que emplean el sonar de baja frecuencia y hay aproximadamente trescientos sonares de frecuencia media en servicio activo en las armadas del mundo.[64]

En el ámbito civil, los sonares son utilizados para detectar peces, para realizar investigaciones científicas o para perfilar el fondo marino, y generalmente producen señales dirigidas hacia el lecho marino. Si bien los sonares militares tienen niveles de emisión superiores a los civiles, estos últimos afectan a áreas más extensas debido al gran número de buques civiles equipados con sonar.[65]

Estos sistemas civiles funcionan en frecuencias únicas o múltiples, a frecuencias altas, con patrones de haz más estrechos y longitudes de pulso más cortas que los sonares militares.

Los sonares no militares operan principalmente en aguas poco profundas de la plataforma y de forma continua durante todo el año, tanto de día como de noche, factores que incrementan su peligrosidad. Los sonares de localización de peces suelen funcionar a frecuencias de entre 24 y 200 kHz.[66]

Por otro lado, el uso de sonares militares se ha visto fuertemente cuestionado por la opinión pública y la comunidad científica por haber causado numerosos varamientos de fauna marina en diversos puntos del planeta.

Uno de los casos más cercanos fue el de los varamientos masivos en las islas Canarias en 2002 y 2004. Estos sucesos tuvieron como consecuencia que el Ministerio de Defensa español estableciera una moratoria sobre el uso de los sonares militares activos en un área de cincuenta millas náuticas en torno al archipiélago.[67]

Se ha constatado en repetidas ocasiones la relación entre ejercicios militares y varamientos de cetáceos. Así, durante unos ejercicios de la OTAN al oeste de Escocia en los que se usó el sonar, se observó una disminución significativa en los avistamientos de ballenas Minke.[68] En marzo del 2000, en las Bahamas se produjo otro varamiento masivo de diecisiete cetáceos, incluyendo dos especies de zifios y ballenas Minke; un

---

63 *Ibidem.*
64 Širović, A. *et al.* (2021). «Chapter 20: Trends in inputs of anthropogenic…». *Op. cit.*, pág. 306.
65 Naciones Unidas (2018). «Océanos y derecho…». *Op. cit.*, pág. 5.
66 Harding, S. y Cousins N. (2022). *Review of the Impacts of Anthropogenic Underwater Noise… Op. cit.*, pág. 36.
67 Ministerio de Agricultura, Alimentación y Medio Ambiente (2012). «Documento técnico sobre impactos y mitigación…». *Op. cit.*, pág. 43.
68 Redondo, L. y Ruiz Mateo, A. (2017). «Ruido subacuático: fundamentos, fuentes, cálculo…». *Op. cit.* pág. 80.

informe gubernamental de Estados Unidos determinó que se usó un sonar de frecuencia media (3-7 kHz) en unas maniobras militares.[69]

En el apartado correspondiente a los impactos sobre la fauna marina veremos con más detalle las severas afectaciones que los sonares tienen en particular sobre los cetáceos. Pero adelantamos aquí que, atendiendo a la cuantiosa evidencia científica que vincula el uso del sonar con varamientos de fauna marina, deviene imprescindible que este tipo de actividad sea considerada como una amenaza potencial, por lo que no se debe permitir ninguna investigación potencialmente dañina que no constituya una prioridad para la conservación. Por otro lado, los ejercicios militares deben estar sujetos a un enfoque de precaución y a las reglamentaciones ambientales internacionales.[70]

1.1.4 Otras fuentes

RUIDO INDUSTRIAL

En general, las actividades industriales generan fuentes de sonido tanto impulsivas como no impulsivas, mayormente a bajas frecuencias (20-1.000 Hz).[71]

Más allá del grave impacto ambiental de la contaminación acústica derivada de la exploración sísmica, que ya hemos comentado, el desarrollo de las actividades propias de la industria petrolífera en el mar tiene también sus efectos negativos sobre el medio ambiente marino, entre otras cosas, por las emisiones sonoras.

Esto se debe a que la industria del petróleo y el gas también genera ruido durante las actividades cotidianas de perforación y producción.

La perforación puede llevarse a cabo en diferentes lugares, desde islas naturales o artificiales, plataformas o embarcaciones de perforación. Los niveles de ruido generados por las islas naturales o artificiales son moderados, e incluso el ruido proveniente de plataformas de perforación es ligeramente menor. En cambio, la perforación realizada desde barcos produce los niveles más altos,[72] estimados en rangos cercanos a los 150 dB re 1 µPa a 1 m.[73]

Los impactos de ese ruido de producción suelen limitarse a las áreas cercanas a las instalaciones, pero se prolongan durante la vida activa de la instalación, lo que puede suponer varios años.[74]

A este cuadro se suma que la exploración y producción de petróleo y gas en alta mar se expande cada día más a nuevas zonas, a veces a regiones con experiencia mínima en la gestión de esos recursos, circunstancia que aumenta la peligrosidad de

---

69 *Ibidem.*
70 OceanCare (2021). «Quiet Waters for Whales and Dolphins…». *Op. cit.*, pág. 25.
71 Harding, S. y Cousins, N. (2022). *Review of the Impacts of Anthropogenic Underwater Noise… Op. cit.*, pág. 33.
72 Naciones Unidas (2018). «Océanos y derecho…». *Op. cit.*, pág. 6.
73 Ministerio de Agricultura, Alimentación y Medio Ambiente (2012). «Documento técnico sobre impactos y mitigación…». *Op. cit.*, pág. 60.
74 Širović, A. *et al.* (2021). «Chapter 20: Trends in inputs of anthropogenic…». *Op. cit.*, pág. 304.

esta industria, ya que presenta desafíos y riesgos especialmente preocupantes y de gran impacto negativo sobre los ecosistemas marinos, como fue el caso, entre muchos otros, de la plataforma Deepwater Horizon en el año 2010 en el golfo de México.

PARQUES EÓLICOS

Dentro de este apartado correspondiente al desarrollo de la industria en el medio marino, debemos mencionar necesariamente la creciente expansión de los parques eólicos en el mar en el marco del desarrollo de energías renovables.

Si bien este tipo de industrias resultan indispensables para cumplir con las metas climáticas y reducir la dependencia de las energías fósiles, no está exentas de impactos ambientales (aparte del impacto del hincado de pilotes, sobre el que nos detendremos más adelante).

Así, la activad industrial de estos parques produce emisiones de sonido que pueden afectar a la vida marina, así como «también puede haber efectos indirectos sobre la fauna marina a causa de la conexión de cables submarinos que pueden provocar cambios en los patrones de sedimentos locales, y a cambios en el hábitat en las proximidades del parque eólico».[75]

Una vez en funcionamiento, el ruido que producen los parques eólicos es bajo, pues emiten niveles de ruido de 150 dB re 1 µPa a 1 m, lo puede representar un aumento de 5 a 25 dB en los niveles generales de sonido ambiental en las proximidades.[76] Sin embargo, al constituir una fuente de ruido continua, los parques eólicos marinos se convierten en una fuente temporal de contaminación acústica más significativa que el transporte marítimo o los estudios sísmicos.[77]

CONSTRUCCIÓN

a) Hincado de pilotes

El hincado de pilotes se utiliza en diversas obras costeras y marinas, por ejemplo, en las portuarias, en la construcción de puentes, en la instalación de plataformas de petróleo y gas, o en la construcción de cimientos de parques eólicos marinos.[78] Uno de los fenómenos actuales que causa un grave impacto acústico en el medio marino es este último, el cual se ha analizado en profundidad como factor contaminante.

Como comentamos anteriormente, el desarrollo de la energía eólica marina como energía renovable alternativa al consumo de hidrocarburos se ha extendido con el objetivo de descarbonizar el sector energético. En este sentido, sus beneficios son altamente conocidos. Sin embargo, también presenta riesgos de impacto en la vida

75 REDONDO, L. y RUIZ MATEO, A. (2017). «Ruido subacuático: fundamentos, fuentes, cálculo…». *Op. cit.* pág. 81.
76 Širović, A. *et al.* (2021). «Chapter 20: Trends in inputs of anthropogenic…». *Op. cit.*, pág. 305.
77 MERCHANT, N.D. (2019). «Underwater noise abatement…». *Op. cit.*, pág. 119.
78 HARDING, S. y COUSINS, N. (2022). *Review of the Impacts of Anthropogenic Underwater Noise… Op. cit.*, pág. 33.

marina; en particular, a causa de la contaminación acústica producida durante la construcción, que ha generado una preocupación considerable.

Las turbinas eólicas marinas de estos parques pueden estar sustentadas por diferentes estructuras, pero las más comunes son los cimientos de pilotes: cilindros de acero simples (monopilotes) o múltiples (diseños de camisa o trípode), generalmente clavados en el lecho marino mediante martillos de percusión. Este método implica golpear repetidamente el pilote con una gran cantidad de energía, lo que genera pulsos de ruido submarino de gran amplitud.[79]

El hincado de pilotes produce emisiones sonoras en torno a 179-194 dB re 1 µPa. Asimismo, se ha señalado que los niveles de presión sonora de los pilotes alcanzan alrededor de 250 dB re 1 µPa de pico a pico a 1 m. Estos números dan cuenta de la gravedad del impacto acústico de estos sistemas de construcción.[80]

Con el propósito de mitigar los efectos negativos del hincado de pilotes y reducir el impacto acústico, se han impulsado una serie de técnicas. Una de ellas es el vibropilotaje, que, aunque comporta una menor potencia que la anterior, sigue constituyendo una fuente importante de contaminación acústica. Así, mientras que el pilotaje por impacto es impulsivo, el vibropilotaje también produce señales continuas.

Por otro lado, se han desarrollado técnicas como el uso de pantallas de burbujas que se elevan libremente o de pantallas fijas de burbujas de aire. El despliegue de esas técnicas tiene el potencial de reducir los niveles de sonido recibido lejos de la actividad hasta en 20 dB, aunque las reducciones promedio son del orden de 5 dB.[81]

b) Dragado

Entre las actividades de construcción que se llevan a cabo en los ecosistemas marinos, debemos detenernos también en las operaciones de dragado, utilizadas para mantener las rutas marítimas, extraer recursos geológicos como arena y grava y tender tuberías en el fondo marino.[82]

Durante sus operaciones, el dragado produce sonidos de banda ancha continuos, principalmente en las frecuencias más bajas, causados por la maquinaria embarcada y el movimiento mecánico, por ejemplo, de los dispositivos de succión y movimiento de tierras, así como por el posible uso de explosivos. Los niveles de ruido registrados durante el dragado oscilan entre aproximadamente 163 dB y 190 dB re 1 µPa a 1 m, según el tipo de operación de dragado.[83]

79 Merchant, N.D. (2019). «Underwater noise abatement…». Op. cit., pág. 119.
80 Harding, S. y Cousins, N. (2022). Review of the Impacts of Anthropogenic Underwater Noise… Op. cit., pág. 33.
81 Širović, A. et al. (2021). «Chapter 20: Trends in inputs of anthropogenic…». Op. cit., pág. 305
82 Naciones Unidas (2018). «Océanos y derecho…». Op. cit., pág. 6.
83 Širović, A. et al. (2021). «Chapter 20: Trends in inputs of anthropogenic…». Op. cit., pág. 305.

Minería en fondos marinos

Por último, no podemos dejar de mencionar la minería en fondos marinos como potencial actividad contaminante.

El interés por explotar depósitos minerales en las profundidades del mar ha aumentado en los últimos años por varias razones, como la creciente demanda de metales valiosos como el cobalto y el níquel, los avances en la tecnología de aguas profundas, las dificultades de explotación en el medio terrestre —ya que muchos Estados no pueden acceder a diversos recursos por encontrarse en territorios pertenecientes a otros Estados—, o las limitaciones reglamentarias para su extracción. Todas estas circunstancias han impulsado las inversiones recientes en la minería de los fondos marinos.[84]

El problema radica en que el desarrollo de esta industria conllevará una mayor expansión de la actividad antropogénica en el medio marino, con graves consecuencias para el medio ambiente y, en particular, en relación con la presión sonora que ejercemos sobre los océanos.

Los efectos ambientales de la minería de fondos marinos, incluidos los derivados del ruido subacuático, son similares a los de las operaciones de dragado. Se generará ruido proveniente de las embarcaciones de apoyo en la superficie del mar y de la maquinaria en el lecho marino, como los vehículos dirigidos a distancia.[85]

Además, las operaciones que se proyectan están planificadas para operar ininterrumpidamente, lo que aumentará sustancialmente los niveles de sonido ambiental. Con todo, a día de hoy todavía no es posible determinar su impacto real, ya que aún no se ha llevado a cabo ninguna explotación comercial de este tipo de minería. Las dificultades tecnológicas y los riesgos económicos inciertos siguen siendo obstáculos importantes para la explotación comercial de los depósitos minerales de aguas profundas.[86]

Sin embargo, actualmente el contexto de la minería de fondos marinos se encuentra en una situación de tensión. Mientras que, por un lado, se siguen sumando naciones y organismos internacionales a la demanda del establecimiento de moratorias y prohibiciones contra la minería de fondos marinos hasta que no se hayan estudiado e investigado suficientemente los impactos en el medio ambiente marino, la biodiversidad y las actividades humanas, y se pueda garantizar que no se pierda biodiversidad marina ni se degraden los ecosistemas marinos; por el otro, las compañías mineras, de la mano de países como Nauru, continúan ejerciendo presión sobre la Autoridad Internacional de los Fondos Marinos (ISA) —responsable de regular la industria en alta

---

84 Christiansen, Bernd *et al.* (2020). «Potential effects of deep seabed mining on pelagic and benthopelagic biota». *Marine Policy*, 114, pág. 1.
85 Harding, S. y Cousins, N. (2022). *Review of the Impacts of Anthropogenic Underwater Noise… Op. cit.*, pág. 33.
86 Christiansen, Bernd *et al.* (2020). «Potential effects of deep seabed mining on…». *Op. cit.*, pág. 1.

mar— para que se regule la actividad y poder empezar a explotar los recursos mineros a partir de la segunda mitad de 2023.

Lo que si podemos determinar con claridad es que no es posible que la minería de los fondos marinos funcione sin causar daños ambientales graves, como la degradación del hábitat o los impactos sonoros.[87]

Dispositivos acústicos de acoso o disuasión

En último lugar, como fuente de contaminación acústica debemos mencionar los dispositivos de acoso acústico o disuasión que se utilizan en el medio marino como herramienta para alertar o alejar a la fauna marina en determinadas zonas.

Estos dispositivos son utilizados para diversos fines, como mantener alejados a los mamíferos marinos de las redes de pesca o de las jaulas de peces, o, en la industria de la acuicultura, para evitar la depredación de peces.

Dependiendo de su finalidad, también varía la intensidad sonora que se genera, pero en algunos casos, como en la acuicultura, «producen sonidos de alta potencia, entre 190 y 205 dB, omnidireccionales en las frecuencias de 10 a 25 kHz para ahuyentar a las focas y desplazarlas de los centros de acuicultura».[88] En su mayoría, estos instrumentos operan principalmente en la gama de frecuencias bajas a medias.

En consecuencia, los dispositivos de disuasión o acoso constituyen indudablemente una fuente de contaminación acústica, aunque su uso se ha justificado cuando son utilizados con el fin de conservar una especie que tiene riesgo de captura accidental.[89]

---

87 Para más información sobre las problemáticas ambientales potenciales de la minería de fondos marinos recomendamos la lectura del texto ya citado: Christiansen, Bernd *et al.* (2020). «Potential effects of deep seabed mining on…».

88 Redondo, L. y Ruiz Mateo, A. (2017). «Ruido subacuático: fundamentos, fuentes, cálculo…». *Op. cit.* pág. 80.

89 Ministerio de Agricultura, Alimentación y Medio Ambiente (2012). «Documento técnico sobre impactos y mitigación…». *Op. cit.*, pág. 100.

2. Impactos de la contaminación acústica en el medio marino

En este apartado nos centraremos en los numerosos impactos que tiene el ruido antropogénico sobre el medio marino.

El conocimiento sobre la contaminación acústica del medio marino es relativamente nuevo y aun es mucho lo que ignoramos sobre sus consecuencias y sobre el alcance de estas últimas. Se dice que no podemos proteger aquello que no comprendemos, pero ahora, poco a poco, estamos empezando a entender mejor este ámbito.

En los últimos años se han llevado a cabo numerosas investigaciones y estudios sobre la temática que ponen de manifiesto la diversidad de efectos negativos que el ruido tiene sobre el medio marino. En este sentido, es evidente que no solo se ven afectadas las comunidades de peces y la fauna marina en general, sino también las pesquerías e incluso la seguridad alimentaria de los seres humanos.[90] Y esto es algo que nos afecta como seres que habitamos este planeta, aunque no queramos escucharlo.

2.1 Impactos del ruido sobre la fauna marina

En el primer apartado hemos señalado que «en el mar el sonido es una forma eficiente de propagación de energía, cuyas ondas son capaces de viajar más lejos y más rápido que en el aire».[91] Esto es lo que ha permitido a la fauna marina desarrollar numerosas

---

90 Weilgart, L. (2017). «The impact of ocean noise pollution on fish and invertebrates». OceanCare y Dalhousie University, Canadá / Suiza, pág. 5.

91 De Haro, J.C.; Perez Orsi, H.; Cané, S.; Di Pangracio, A.; Falabella, V. y Sapoznikow, A. (2022). *Informe colaborativo sobre el estado de situación… Op. cit.*, pág. 18.

capacidades para, a través del sonido, cumplir diversas funciones biológicas como la alimentación, la comunicación o la reproducción, entre muchas otras.

En particular, para los mamíferos marinos el sonido constituye su medio primario de comunicación y percepción subacuáticos. Tienen un amplio ancho de banda auditiva, desde un nivel inferior a 1 kHz hasta más de 180 kHz.[92] Los peces, por su parte, tienen diversos sistemas sensoriales para la detección acústica. Algunos de ellos son sensibles a la presión acústica, por lo que tienen una mayor sensibilidad al sonido; otras especies, en cambio, son más susceptibles al movimiento de partículas y muestran sensibilidad solo a una banda estrecha de frecuencias. Sobre estas últimas especies falta aún mucha información y no existen criterios de exposición definidos.

Principalmente se ha estudiado a los mamíferos marinos, como especies especialmente sensibles a la contaminación acústica. Aunque es menos lo que se sabe de los efectos del sonido subacuático en los peces, varios estudios han identificado efectos negativos también en ellos.

El sonido de las actividades humanas se encuentra dentro del rango de audición de las especies marinas, por lo que representa un ruido no deseado para estas especies que, como veremos, puede alterar sus actividades naturales, inducir respuestas de estrés, degradar su entorno y, en los casos más extremos, provocar daños auditivos permanentes o incluso la muerte.[93]

Una revisión de literatura científica sobre los efectos del ruido antropogénico en la vida silvestre tanto terrestre como marina publicada entre 1990 y 2013 concluyó que un 88 % de los 242 estudios que se revisaron reportó una respuesta biológica estadística a la exposición al ruido, incluyendo cambios en el comportamiento vocal en un intento por superar el enmascaramiento, disminución de la abundancia en hábitats ruidosos, alteraciones en la vigilancia y el comportamiento de búsqueda de alimento, e impactos en la aptitud individual y la estructura de las comunidades ecológicas.[94]

Otra revisión llevada a cabo recientemente por Duarte revisó un total de 538 estudios sobre cuantificación de los efectos del ruido antropogénico y las perturbaciones de los paisajes sonoros en los animales marinos.[95]

Como resultado de esta revisión se concluyó que existe evidencia de que el ruido antropogénico afecta negativamente a los animales marinos, siendo los mamíferos marinos el grupo taxonómico donde se registró mayormente el impacto, para los cuales del 85 al 94 % de los estudios cuantitativos encontraron efectos significativos. En cambio, en peces e invertebrados este porcentaje se situó entre un 81 y 82 %.

92 Naciones Unidas (2018). «Océanos y derecho…». *Op. cit.*, pág. 8.
93 Wright, A.J. (2014). «Reducing Impacts of Human Ocean Noise on Cetaceans: Knowledge Gap Analysis and Recommendations». WWF International, Gland, Suiza, pág. 2.
94 Weilgart, L. (2017). «The impact of ocean noise pollution…». *Op. cit.*, pág. 25.
95 Duarte, C.M. *et al.* (2021). «The soundscape of the Anthropocene…». *Op. cit.*, pág. 6. Para más información, recomendamos la consulta de la figura 4 de la obra correspondiente, donde pueden verse las conclusiones cuantitativas del estudio realizado.

Es interesante resaltar también que el estudio que comentamos recopiló a su vez información sobre el porcentaje de incidencia de cada una de las fuentes de ruido antropogénico que intervienen, así como también muestra gráfica y porcentualmente los impactos más comunes en la fauna marina según cada contaminante acústico. La revisión concluye que el ruido de las embarcaciones es el principal contaminante en términos cuantitativos (94,9 % refiere impactos significativos), seguido por los sonares (90 %) y los dispositivos acústicos de disuasión (91 %). También afectan negativamente a los animales marinos y la infraestructura de construcción (82,3 %) y estudios sísmicos (74,4 %). Los datos disponibles proporcionan una amplia evidencia de que la contaminación acústica compromete la capacidad auditiva (90,6 % de los estudios reportan impactos significativos), induce cambios fisiológicos (91,2 %), provoca acciones evasivas y desplaza a los animales marinos (83,9 %). Por el contrario, la evidencia de los impactos del ruido antropogénico sobre la mortalidad y la aptitud de los animales marinos es más débil, con un 35,2 % y un 50 % de los estudios que informan sobre impactos significativos, respectivamente.

En este apartado procederemos a la descripción general del conocimiento actual sobre los impactos negativos que tiene el ruido antropogénico sobre la fauna marina, desglosando el desarrollo según se trate de efectos físicos, de enmascaramiento o de comportamiento.

Cabe señalar también que esta diversidad de efectos dependerá de una serie de factores tanto externos a los individuos como internos. Estos son, entre otros, intensidad del ruido, duración, frecuencia, nivel recibido por el individuo, superposición o acumulación con otros sonidos, así como el contexto de exposición y sensibilidad del propio animal.

2.1.1 Efectos físicos

Uno de los principales efectos sobre la fauna marina provocado por el ruido son los efectos físicos o fisiológicos, estudiados a raíz de varios varamientos masivos que han llamado profundamente la atención. Estas muertes, principalmente de mamíferos marinos, han motivado la investigación sobre sus causas.

Algunos estudios han destacado que el ruido submarino, dependiendo de la cercanía a la fuente de producción y de su intensidad, tiene la potencialidad de provocar lesiones graves o incluso la muerte cuando un individuo se expone de forma cercana a una fuente de ruido de gran potencia..[96]

Asimismo, aunque no lleguen a causar la muerte del animal, estos efectos «pueden producir mermas en la aptitud física, pudiendo hacer a los individuos más propen-

---

96 De Haro, J.C.; Perez Orsi, H.; Cané, S.; Di Pangracio, A.; Falabella, V. y Sapoznikow, A. (2022). *Informe colaborativo sobre el estado de situación… Op. cit.*, pág. 20.

sos a la depredación, dificultar su orientación, impedir su alimentación o disminuir el éxito reproductivo».[97]

Otro de los efectos adversos de la exposición al ruido por parte de la fauna marina es la pérdida de la audición, que constituye un potencial impacto de índole física. Los cambios en el umbral de sensibilidad auditiva del animal provocarán en el individuo una serie de limitaciones consecuentes, afectando a su capacidad para comunicarse, evitar depredadores, capturar presas, orientarse, etc. Los cambios en la sensibilidad auditiva pueden ser recuperables o permanentes, estos últimos relacionados con largos períodos de exposición o como consecuencia de la exposición a una fuente intensa de sonido.[98]

Citamos a continuación una serie de casos que manifiestan la sucesión de estos daños físicos en la fauna marina:

- Se han constatado casos en que las detonaciones submarinas como parte de ejercicios militares provocaron la muerte de tres (posiblemente cuatro) delfines comunes de hocico largo que habían sufrido lesiones por explosión típicas de mamíferos.[99]

- Se ha encontrado suficiente evidencia de la correspondencia entre varamientos masivos y ejercicios militares en el Caribe y el Mediterráneo. Las necropsias de ballenas picudas varadas en las Bahamas en el año 2000 revelaron claramente que los animales habían sufrido un trauma acústico que dio lugar a una hemorragia alrededor del cerebro, en el oído interno y en las grasas acústicas (grasas ubicadas en la cabeza que están involucradas en la recepción del sonido). El informe provisional oficial sobre el varamiento masivo concluyó que una lesión acústica o de impulso causó que los animales quedaran varados, y que el sonar activo de frecuencia media utilizado por la marina durante el tránsito fue la fuente más plausible del trauma o impulso acústico.[100]

- Estudios sobre el efecto del ruido impulsivo de pistolas de aire sísmicas llevados a cabo en los huevos y larvas de peces marinos observaron una disminución de la viabilidad de los huevos, un aumento de la mortalidad embrionaria o una disminución del crecimiento de las larvas.[101]

- También se han encontrado efectos físicos en el desarrollo de las larvas de vieira en tanques sometidos a registros de pulsos sísmicos de pistola de aire. Estas exhibieron retrasos significativos en el desarrollo y un 46 % desarrollaron malformaciones corporales en comparación con los controles.[102]

97 Ibidem.
98 Ibidem.
99 Harding, S. y Cousins, N. (2022). Review of the Impacts of Anthropogenic Underwater Noise… Op. cit., pág. 50.
100 Ibidem.
101 Ibidem, pág. 58.
102 Weilgart, L. (2017). «The impact of ocean noise pollution…». Op. cit., pág. 7.

- Se han constatado en dos ocasiones varamientos de calamares gigantes en un área frente al norte de España, ocurridas contemporáneamente al desarrollo de actividades sísmicas con pistolas de aire comprimido, en los que se detectó que todos los calamares tenían lesiones internas masivas.[103]

2.1.2 Enmascaramiento

Otro de los efectos adversos que el ruido submarino tiene sobre la fauna marina es el enmascaramiento, efecto que se da cuando los sonidos externos opacan los sonidos producidos por los diferentes seres marinos cuando realizan diversas funciones biológicas como la comunicación, el apareamiento, la reproducción o la alimentación.

El sonido que generan las actividades antrópicas se encuentra dentro del rango auditivo de las especies marinas y puede superponerse a sonidos biológicamente relevantes, dificultando su detección por parte de otros especímenes. Si el sonido antropogénico es lo suficientemente fuerte en relación con la señal recibida, entonces la señal puede estar «enmascarada».[104]

Esta circunstancia puede provocar una serie de efectos adversos, entre los que pueden mencionarse la obstrucción de la capacidad de comunicación entre individuos, alterando, por ejemplo, la cohesión de grupo o la comunicación entre madre y cría.[105] Por otro lado, puede dar lugar al silenciamiento de los sonidos relevantes para la detección de presas y depredadores, influyendo consecuentemente sobre las aptitudes para la alimentación y la supervivencia de los individuos. El enmascaramiento de los sonidos utilizados para la orientación y la navegación puede alterar la capacidad para encontrar hábitats seguros para realizar funciones vitales como la alimentación, reproducción, etc.[106]

Por otro lado, el alcance del enmascaramiento depende fundamentalmente de otros elementos intervinientes, como la frecuencia del sonido emitido por el individuo y el ruido antropogénico, así como también de la distancia entre el animal y la fuente emisora de ruido.[107]

Los animales, sin embargo, suelen recurrir a mecanismos compensatorios para reducir o evitar este enmascaramiento, que incluyen producir sonidos más fuertes o cambiar las frecuencias de los sonidos que se producen para que no choquen con el ruido. Este fenómeno es conocido como el efecto Lombard, que comprende cambios en las vocalizaciones de frecuencia, nivel y en las cantidades de vocalizaciones realiza-

---

103 *Ibidem*, pág. 10.
104 Harding, S. y Cousins, N. (2022). *Review of the Impacts of Anthropogenic Underwater Noise… Op. cit.*, pág. 51.
105 De Haro, J.C.; Perez Orsi, H.; Cané, S.; Di Pangracio, A.; Falabella, V. y Sapoznikow, A. (2022). *Informe colaborativo sobre el estado de situación… Op. cit.*, pág. 20.
106 *Ibidem*.
107 Wright, A.J. (2014). «Reducing Impacts of Human Ocean Noise…». *Op. cit.*, pág. 7.

das, para compensar el enmascaramiento.[108] No obstante, estos esfuerzos adicionales pueden significar un gasto energético mayor, con consecuencias igualmente negativas para el individuo.

Por ejemplo, es posible que los machos de ballenas tengan que equilibrar un aumento en la frecuencia de sus sonidos para evitar el ruido persistente de baja frecuencia de un barco con la reducción del atractivo para las hembras, e incluso existe el riesgo de no ser reconocidos como de la misma especie.[109]

Al igual que en el punto anterior, nos disponemos aquí a mencionar algunos casos ejemplificativos de efectos en la percepción de la fauna marina:

- Se ha reconocido el enmascaramiento de la comunicación y ecolocalización de marsopas a corta distancia (hasta 500 m) por parte de transbordadores de alta velocidad y otras embarcaciones grandes.[110]

- Se ha constatado también que el ruido de un barco rompehielos enmascararía las llamadas de beluga hasta 40 km del barco.[111]

- Se ha reportado que las ballenas piloto sufren una reducción de un 58 % de su rango de comunicación por el efecto de enmascaramiento de las embarcaciones pequeñas en la zona costera.[112]

- Se ha descubierto que el ruido submarino enmascara las llamadas de las crías de ballenas beluga, lo que reduce la distancia a la que sus madres pueden escuchar la llamada de una recién nacida a solo unas pocas decenas de metros.[113]

2.1.3 Comportamiento

Ante la presencia de ruido, diversos estudios han indicado que la fauna tiende a tener comportamientos no habituales como, por ejemplo, alterar los ritmos respiratorios y de inmersión, aumentar la velocidad de natación, cambiar las vocalizaciones, reducir la tasa de búsqueda de alimento, cambiar las rutas migratorias, abandonar o evitar la zona en torno a la fuente del sonido, entre otros.[114]

Un caso que corrobora estos argumentos es un estudio llevado a cabo sobre ballenas jorobadas que demostró que, en respuesta a las reproducciones de sonar de frecuencia media, las ballenas azules mostraron la terminación de los eventos de ali-

108 ERBE, C. et al. (2019). «The Effects of Ship Noise…». Op. cit., pág. 6.
109 WRIGHT, A.J. (2014). «Reducing Impacts of Human Ocean Noise…». Op. cit., pág. 8.
110 HARDING, S. y COUSINS, N. (2022). Review of the Impacts of Anthropogenic Underwater Noise… Op. cit., pág. 51.
111 Ibidem.
112 Ibidem, pág. 52.
113 Ibidem.
114 DE HARO, J.C.; PEREZ ORSI, H.; CANÉ, S.; DI PANGRACIO, A.; FALABELLA, V. y Sapoznikow, A. (2022). Informe colaborativo sobre el estado de situación… Op. cit., pág. 20.

mentación en profundidad, mientras que las ballenas jorobadas adoptaron comportamientos de evitación.[115]

En dicho estudio se analizaron un total de 218 inmersiones: 83 ocurrieron en períodos de exposición al ruido del barco, mientras que 135 ocurrieron sin ruido del barco. Como resultado de estos análisis se detectaron alteraciones en los comportamientos de alimentación en las ballenas cuando se encuentran expuestas a altos niveles de ruido producto de los barcos, lo que sugiere que las jorobadas no pueden adaptarse por completo a esta alteración. Las interrupciones breves y potencialmente crónicas de la alimentación pueden dar lugar a disminuciones biológicamente relevantes.

El ruido antropogénico también es causa de comportamientos erráticos en mamíferos marinos que llevan a varamientos. En relación con estos sucesos, se ha explicado que los pulsos de sonar recibidos desencadenan una reacción de comportamiento extrema que tiene como resultado inmersiones rápidas y salidas a la superficie que provocan efectos de la enfermedad por descompresión, similar a lo que les sucede a los humanos.[116]

Un caso de varamiento masivo fue el de las islas Canarias en 2002, cuando vararon catorce zifios, el cual se vinculó al uso de sonar activo de frecuencia media durante un ejercicio naval internacional. Más recientemente, en enero de 2006, cuatro zifios de Cuvier vararon a lo largo de la costa de Almería, probablemente también debido al sonar de frecuencia media activo antisubmarino.[117] Tales varamientos relacionados con el ruido son solo la punta del iceberg, ya que lo más probable es que muchos de estos varamientos pasen por alto y no se detecten.

Entre otras de las afectaciones que se dan en el comportamiento a causa del ruido, podemos mencionar el alejamiento de la fuente de ruido o la evitación de zonas ruidosas:

+ En un estudio se analizó la abundancia de peces utilizando vídeos de un arrecife cerca de un estudio sísmico. Durante el estudio sísmico, la abundancia de peces de arrecife disminuyó en un 78 % por la noche, cuando el uso del hábitat por los peces había sido más alto en los tres días anteriores sin ruido sísmico. Por lo tanto, se interrumpió el patrón de uso intensivo del arrecife por la noche por parte de los peces.[118]

+ En otros casos, se han investigado los impactos de las embarcaciones de turismo de observación de delfines. En general, los delfines se desplazaron o cambiaron su sitio habitual de ocupación en respuesta al tráfico de embarcaciones o alteraron sus patrones de movimiento dentro de un área, cambiando su dirección de

---

115 BLAIR, H.B.; MERCHANT, N.D.; FRIEDLAENDER, A.S.; WILEY, D.N. y PARKS, S.E. (2016). «Evidence for ship noise impacts on humpback whale foraging behaviour». *Biol. Lett.*, 12: 20160005, pág. 2.

116 THOMSEN, F. *et al.* (2021). «Addressing underwater noise in Europe…». *Op. cit.*, pág. 20.

117 OceanCare (2021). «Quiet Waters for Whales and Dolphins…». *Op. cit.*, pág. 10.

118 WEILGART, L. (2017). «The impact of ocean noise pollution…». *Op. cit.*, pág. 24.

viaje, realizando movimientos de manera errática o aumentando significativamente la velocidad de viaje cuando se acercaban embarcaciones.[119]

⁌ Durante los estudios sísmicos realizados en 2001 en el principal hábitat de alimentación de la ballena gris frente a la isla Sajalín, se observó un número significativamente menor de individuos y grupos en comparación con las condiciones anteriores a dichos estudios en el mismo lugar.[120]

⁌ En una investigación de las respuestas de las marsopas comunes a un estudio sísmico de diez días frente al noreste de Escocia, se documentó el desplazamiento temporal de animales a unos 10-40 km de la fuente. Las marsopas comunes expuestas a actividades de hincado de pilotes a largo plazo por la construcción de parques eólicos dentro de sus hábitats en aguas europeas se desplazaron al menos veinte kilómetros durante los períodos de construcción monitoreados.[121]

Llegados a este punto, nos detenemos aquí en el necesario análisis de dos aspectos sumamente interesantes de abordar en este apartado y que no podemos dejar de mencionar. El primero de ellos es que la falta de reacción frente al ruido de algunos individuos no significa ausencia de impacto; el segundo, casi como contracara del anterior, es la cuestión del desplazamiento y sus implicaciones, ya que para muchas especies desplazarse de su hábitat natural puede no ser una opción.

Así, por un lado, es preciso mencionar que la falta de reacción de algunas especies no debe ser considerada como ausencia de efectos negativos o habituación, ya que «algunas especies pueden estar conservando energía o protegiendo su territorio, o tal vez no estén reaccionando frente al ruido en niveles de intensidad que puedan provocar daños a largo plazo, pero no en el corto plazo».[122] Los peces pueden permanecer en el sitio y soportar el ruido si el hábitat es lo suficientemente valioso por otras razones, como alimentarse o aparearse, o si el área es parte de su territorio de origen familiar, que contiene su nido.[123]

A su vez, como informa Aguilar de Soto, es posible que los animales no puedan escapar. El autor remarca que no se debe suponer automáticamente que los peces saldrán de un área ruidosa y, por lo tanto, evitarán exposiciones dañinas. Los animales pueden reaccionar ante el ruido como si se tratara de un depredador, tendiendo a quedarse inmóviles para evitar revelar su posición a través de señales hidrodinámicas, por ejemplo. Además, es posible que no puedan escapar porque están demasiado des-

---

119 Erbe, C. et al. (2019). «The Effects of Ship Noise…». Op. cit., pág. 7.
120 Forney, K.A.; Southall, B.L.; Slooten, E.; Dawson, S.; Read, A.J.; Baird, R.W. y Brownell, R.L. Jr. (2017). «Nowhere to go: noise impact assessments for marine mammal populations with high site fidelity». Especies Endang Res, 32, pág. 402.
121 Ibidem, pág. 405.
122 Naciones Unidas (2018). «Océanos y derecho…». Op. cit., pág. 8.
123 Weilgart, L. (2017). «The impact of ocean noise pollution…». Op. cit., pág. 11.

orientados por los efectos del ruido en sus sistemas sensoriales.[124] Lo que se intenta manifestar aquí es que existen diversos motivos que pueden hacer que el individuo tienda a no huir de la señal acústica. Son muchos los factores que intervienen, y la acción-reacción puede no ser lineal y lógica.

Ahora bien, por otro lado, viendo los casos de alejamiento de la fuente de ruido o de evitación de zonas ruidosas, se podría entender que el desplazamiento temporal de especies constituye una respuesta que reduce el potencial de lesiones y, por lo tanto, minimiza la importancia de los impactos.

Sin embargo, suponer que el desplazamiento de los individuos de su hábitat es viable y evita efectos adversos puede ser un error.

Las consecuencias del desplazamiento son poco conocidas y no siempre son precisamente más benévolas que los efectos del ruido. Los animales suelen preferir áreas particulares debido a su importancia para su reproducción o alimentación, e irse puede tener costos significativos para la eficacia de estas tareas.[125] Puede suceder que el desplazamiento haga que los animales queden excluidos de importantes hábitats de alimentación, reproducción o crianza, y en estos casos es probable que esto tenga un impacto perjudicial aún mayor en la supervivencia y el crecimiento del grupo de población.[126] También puede suceder que no haya disponibilidad de hábitats alternativos cercanos de buena calidad, o que queden expuestos a otras amenazas como la captura incidental o la depredación.

Así pues, resulta evidente que el desplazamiento no puede considerarse una alteración menor del comportamiento, sino una fuente de daño en sí mismo.[127] Por ello, este fenómeno del desplazamiento es un factor esencial que debe tenerse en cuenta a la hora de establecer regulaciones y planificaciones marítimas con el fin de proteger la fauna marina.

Para finalizar el desarrollo de este punto, nos resulta oportuno mencionar un reciente caso de estudio que se ha documentado en Chile sobre la afectación del desarrollo de actividades de transporte marítimo en áreas de especial importancia para la biodiversidad y su conservación.[128]

124 Aguilar de Soto, N. y Y. Kigh, C. (2016). «Physiological effects of noise». En: M. Solan y N. Whiteley (eds.), *Communication in fishes*. Enfield: Science Publisers, págs. 71-105.

125 Forney, K.A. *et al*. (2017). «Nowhere to go: noise impact assessments for marine mammal populations with high site fidelity». *Op. cit.*, pág. 392.

126 Harding, S. y Cousins N. (2022). *Review of the Impacts of Anthropogenic Underwater Noise… Op. cit.*, pág. 54.

127 Forney, K.A. *et al*. (2017). «Nowhere to go: noise impact assessments for marine mammal populations with high site fidelity». *Op. cit.*, pág. 406.

128 Recomendamos la lectura de la siguiente nota, donde se resume el estudio y puede observarse un vídeo gráfico sobre esta afectación: Carrere, M. (15 febrero 2021). «Chile: científicos demuestran cómo las ballenas son asediadas por cientos de barcos en la Patagonia». *Mongabay*. Recuperado de: <https://es.mongabay.com/2021/02/chile-cientificos-demuestran-como-las-ballenas-son-asediadas-por-cientos-de-barcos-en-la-patagonia/>. Para una mayor información sobre el caso, recomendamos el estudio de Bedriñana-Romano, L.; Hucke-Gaete, R.; Viddi, F.A. *et al*. (2021). «Defining priority areas for blue whale conservation and investigating overlap with vessel traffic in Chilean Patagonia, using a fast-fitting movement model». *Sci. Rep.*, 11, 2709. <https://doi.org/10.1038/s41598-021-82220-5>

En este caso, se ha logrado demostrar que el transporte marino impacta sobre las rutas de la ballena azul, particularmente en un área de especial importancia para la conservación de esta especie que se encuentra en peligro de extinción.

Específicamente, a través del estudio se logró documentar, al cotejar la información obtenida del seguimiento de ballenas con los datos de trayectos de embarcaciones a partir de su información satelital, que esos espacios que las ballenas ocupan para alimentarse tienen un intenso tráfico marítimo, lo que podría poner en riesgo la recuperación de las ballenas azules, una población que es única en el mundo y que solo está compuesta por unos cientos de individuos.

Este importante ecosistema es esencial para estas ballenas azules, ya que en esta zona en particular estos animales consumen grandes cantidades de alimento para poder luego continuar con su ruta migratoria. Pero este mismo espacio alberga también la segunda industria acuícola de salmón más grande del mundo, con una flota de hasta 729 embarcaciones operando cada día.

Esta gran flota, que realiza emisiones acústicas en la misma frecuencia utilizada por las ballenas, puede interferir en las señales e interrumpir la búsqueda de comida, la socialización, la comunicación y el descanso, y causar otros comportamientos en mamíferos marinos, así como enmascarar las vocalizaciones que emiten estos animales.

Conforme precisa el estudio, en estas áreas se necesitan con urgencia acciones de gestión debido a los distintos impactos que las embarcaciones podrían estar teniendo sobre las ballenas, que van desde las colisiones hasta la contaminación acústica. Si el espacio y el momento en que se alimentan son perturbados, ello podría tener consecuencias para la conservación de la especie.

Estos datos dimensionan los alcances reales de la problemática. De aquí la necesidad urgente de regular las diversas actividades que ejercemos en el medio marino, a partir de la planificación marítima, y de establecer áreas marinas protegidas que sean efectivas y con una gestión eficaz, a partir de la cual se pueda controlar la cantidad de ruido marino que incorporamos al medio marino.

2.1.4 Efectos ecosistémicos más amplios y efectos acumulativos

Ahora bien, el tema no se agota en la descripción y consideración de las diversas afectaciones de manera independiente. Todo esto debe ser necesariamente contextualizado como parte de un conjunto, de un ecosistema interrelacionado, debido a que cada impacto negativo sobre una especie desencadena una serie de consecuencias, de efecto dominó, en otras. Por lo que cada efecto debe sumarse, ya que tendrá resultados aún más amplios en el ecosistema marino cuyas consecuencias desconocemos.

De este modo, por ejemplo, «la disminución o desaparición de una especie determinada de un ecosistema puede tener efectos sobre las especies conexas o dependientes e incidir en el equilibrio general del ecosistema»;[129] los efectos físicos en los invertebrados y peces pueden conducir a «la mortalidad de grupos de animales que son presa de otros animales, y las reacciones conductuales de los peces provocadas por el ruido pueden dar lugar a desplazamientos y afectar el comportamiento alimentario de los mamíferos marinos».[130]

Esto nos hace darnos cuenta de que en verdad desconocemos la potencialidad de los efectos reales sobre las especies y los ecosistemas marinos, que dependerá a su vez de los efectos acumulativos de múltiples factores estresantes, en particular otras formas de contaminación marina, la acidificación de los océanos, el cambio climático, la sobreexplotación, las capturas incidentales y las especies exóticas invasoras, temas que aquí no estamos considerando.[131]

Sin bien se han estudiado y documentado los impactos sobre diferentes especies de fauna marina, aún queda pendiente realizar una síntesis global de los datos, lo que conlleva que se desconozcan todavía los impactos acumulativos y/o globales de los factores estresantes antropogénicos en la vida marina.[132]

2.2 Impactos socioeconómicos sobre comunidades

Un aspecto que consideramos esencial tener en cuenta en el marco de esta investigación está relacionado con los impactos socioeconómicos de las actividades antropogénicas. Una vez más, no quedamos fuera de las consecuencias que generamos al impactar sobre la naturaleza.

Como vimos en el apartado anterior, los impactos del ruido en la fauna marina son numerosos y muy graves en algunos casos, pudiendo afectar a la gran complejidad del ecosistema marino. Sin embargo, los efectos negativos de la contaminación acústica no terminan ahí. De estos se desprenden una serie de consecuencias negativas que impactan directa o indirectamente sobre las comunidades, algunas de ellas especialmente vulnerables, dado que muchas actividades humanas dependen de especies marinas para su subsistencia.[133]

Este aspecto es especialmente preocupante, ya que «a medida que aumenta la población mundial, también aumenta la dependencia de la pesca para contribuir a las economías de los países y la seguridad alimentaria». Según datos publicados por la Organización de las Naciones Unidas para la Agricultura y la Alimentación (FAO), el

---

129 Naciones Unidas (2018). «Océanos y derecho…». *Op. cit.*, pág. 9.
130 *Ibidem.*
131 *Ibidem.*
132 Duarte, C.M. *et al.* (2021). «The soundscape of the Anthropocene…». *Op. cit.*, pág. 7.
133 Naciones Unidas (2018). «Océanos y derecho…». *Op. cit.*, pág. 10.

consumo de pescado representa actualmente el 16,5 % de la ingesta global de proteína animal y el 6,4 % de todas las proteínas consumidas.[134]

Por otro lado, no solo es una dependencia en términos alimentarios, sino que se estima que «los empleos de unos 500 millones de personas dependen (directa o indirectamente) de la industria pesquera y la acuicultura.» Aún más, esta dependencia de los recursos pesqueros continuará aumentando.[135]

Por ejemplo, uno de los impactos negativos se deriva de las afectaciones a los niveles demográficos de especies de peces debido a los cambios en la reproducción, el desove o el desplazamiento de los peces a causa de la contaminación acústica, que pueden conducir a la disminución de las tasas de captura de algunas especies comercialmente importantes, afectando así negativamente a los ingresos procedentes de la pesca.

Al respecto, varios estudios[136] sobre especies comerciales han concluido que entre los efectos negativos producidos por el ruido marino se pueden mencionar los siguientes, entre muchos otros: índices reducidos de captura (entre un 40-80 % menos) de peces en casos de investigaciones sísmicas reportadas para el bacalao, el abadejo, el pez roca, el arenque, la anguila y la bacaladilla; interrupción en la estructura de los bancos, en el comportamiento de nado y, posiblemente, en la migración del atún de aleta azul; secreción de hormonas de estrés en varias especies de peces en presencia de ruidos de barcos; reducción del crecimiento y reproducción de los camarones expuestos a ruidos; y retraso en el desarrollo y estrés en el cangrejo de nieve expuesto a ruidos sísmicos. Todas estas especies forman parte de nuestra industria alimentaria.

Estos datos dan cuenta de cómo la pesca se ve seriamente perjudicada por los contaminantes sonoros antropogénicos, que así también interfieren en el desarrollo socioeconómico de comunidades enteras a escala global.

Por otro lado, considerando los comportamientos ya constatados de especies a causa del ruido, se puede esperar una disminución similar de los beneficios sociales y económicos debido al desplazamiento de los mamíferos marinos que son el foco de actividades turísticas como la observación de ballenas.[137]

Además, estas situaciones se agravan cuando los afectados son comunidades especialmente vulnerables, debido a su dependencia de los recursos marino-costeros. En estos casos, el desplazamiento de la fauna marina puede perjudicar las prácticas tradicionales y culturales de las comunidades indígenas que dependen de la pesca artesanal y la caza de subsistencia.[138]

---

134 Alianza Mar Blava (2014). «Ahogados en el ruido». Recuperado de: <https://alianzamarblava.org/wp-content/uploads/2014/08/Ahogados-en-elruido.pdf>. Pág. 3.
135 *Ibidem.*
136 *Ibidem.*
137 Širović, A. *et al.* (2021). «Chapter 20: Trends in inputs of anthropogenic…». *Op. cit.*, pág. 308.
138 *Ibidem.*

Estos perjuicios, sin embargo, están pendientes aún de ser estudiados y contabilizados como impactos significativos de las actividades contaminantes, enfoque que debe revertirse, procurando la consideración de estos factores económicos y sociales entre las consecuencias del aumento del ruido para los seres humanos.

Llegados a este punto, nos interesa mencionar un reciente caso en el que se recurrió, entre otros argumentos, a los impactos socioeconómicos que sufriría la comunidad que habita la Costa Salvaje de Sudáfrica, donde la industria petrolera Shell pretendía instalarse.

El día 28 de diciembre de 2021, el Tribunal Superior de Makhanda falló a favor de varias comunidades de la Costa Salvaje en su solicitud para prohibir (detener) la actividad sísmica de Shell en 6.011 km^2 de la Costa Salvaje hasta que se otorgara la autorización ambiental en cumplimiento de la Ley Nacional de Gestión Ambiental de 1998 (Nema).

En este caso, entre los argumentos alegados se prestó especial atención a los potenciales efectos negativos socioeconómicos que la actividad sísmica tendría sobre las comunidades costeras a causa de los impactos sobre el ecosistema marino de la Costa Salvaje, y a la especial interrelación de estas comunidades con su territorio y el océano.

En particular, se reconoció que, para las comunidades de la Costa Salvaje, el océano es mucho más que un recurso del que obtienen capturas sostenibles para alimentar a sus familias. También es su sanador y socio nutritivo.[139]

Además, en cuanto aquí interesa, a lo largo del proceso salió a la luz que, según investigaciones del Centro de Derechos Ambientales de Sudáfrica, la solicitud original de Shell para un derecho de exploración en 2013 estuvo acompañada de un programa de gestión ambiental que establecía que el estudio implicaría «explosiones submarinas extremadamente fuertes (220 decibelios) o descargas a intervalos de 10 a 20 segundos, que deben continuar las 24 horas del día durante cuatro o cinco meses».

Debido a lo expuesto, las comunidades se opusieron al desarrollo de la actividad sísmica e iniciaron el proceso judicial con el objetivo de detener la exploración sísmica.

En el caso, los pescadores adujeron que las pruebas sísmicas de Shell representaban una amenaza para las poblaciones de peces y los medios de subsistencia de las comunidades a lo largo de la Costa Salvaje, así como para quienes en KwaZulu-Natal viven de la recolección de recursos marinos. Para ellos:

> No se trata de trabajos, se trata de supervivencia. Tenemos mujeres y hombres buceando y pescando aquí, y los sistemas marinos se verán complicados e interrumpidos por el plan de exploración de petróleo y gas de Shell. Una vez que se interrumpan los patrones del ecosistema marino, disminuirá su forma de supervivencia.

---

139 Xolo, N. (16 de diciembre de 2021). «Shell's controversial seismic survey threatens to diminish a whole way of life». *Daily Maverick*. Recuperado de: <https://www.dailymaverick.co.za/article/2021-12-16-shells-controversial-seismic-survey-threatens-to-diminish-a-whole-way-of-life/>

Por último, se resaltó que el impacto de perder el acceso a los recursos naturales conduciría a una pérdida de ingresos. Esto inevitablemente conllevaría inseguridad alimentaria y un mayor empobrecimiento de hogares vulnerables que ya están bajo presión.

En el fallo se prestó también atención al derecho de participación de estas comunidades. En particular, el juez determinó que el derecho de exploración —otorgado sobre la base de un proceso de consulta «sustancialmente defectuoso»— era ilegal e inválido porque no se les consultó de manera significativa sobre el estudio sísmico, lo que tendría un impacto sobre sus derechos consuetudinarios, como los de pesca, y porque se había incumplido la autorización ambiental Nema.[140] Dada la importancia del mar para las comunidades, se debería consultarlas ineludiblemente antes de explotar sus mares.[141]

En la misma línea, el Tribunal Superior de Makhanda anuló en septiembre del 2022 la decisión de 2014 del Departamento de Recursos Minerales y Energía (DMRE) de otorgar el derecho de exploración a Shell para buscar petróleo y gas frente a la Costa Salvaje.

Las demandas mantuvieron el argumento de que Shell no había consultado adecuadamente a las comunidades afectadas, ni había realizado la evaluación de impacto ambiental requerida de las pruebas sísmicas submarinas en la región.

Sin embargo, el caso aún está lejos de estar resuelto. Shell ha apelado la decisión, por lo que el litigio por el cuidado del medio marino en la Costa Salvaje sigue aún su curso.

2.3 Lagunas de conocimiento

Si bien son numerosos los estudios que se han llevado a cabo en los últimos años, tratamos sobre una temática profundamente desconocida y de difícil acceso, por lo que nos encontramos con una serie de lagunas de conocimiento que se transforman en limitaciones a la hora de proponer mecanismos de regulación y/o mitigación.

En primer lugar, fundamentalmente el primer obstáculo casi insalvable con el que nos encontramos en la materia tiene que ver con la falta de conocimiento sobre el ruido ambiental oceánico de referencia.[142]

140 Crouth, G. y Sgqolana, T. (28 de diciembre de 2021). «Take that, Shell! Locals hail victory over 'bullies' after court halts Wild Coast blasting». *Daily Maverick*. Recuperado de: <https://www.dailymaverick.co.za/article/2021-12-28-take-that-shell-locals-hail-victory-over-bullies-after-court-halts-wild-coast-blasting/>

141 Lorenzen, J. (28 de diciembre de 2021). «Shell stopped! A community's generational defence of their land, the sea and their environment must be protected by the Constitution». *Daily Maverick*. Recuperado de: <https://www.dailymaverick.co.za/article/2021-12-28-shell-stopped-a-communitys-generational-defence-of-their-land-the-sea-and-their-environment-must-be-protected-by-the-constitution/>

142 Širović, A. *et al.* (2021). «Chapter 20: Trends in inputs of anthropogenic…». *Op. cit.*, pág. 312.

Dado que los estudios llevados a cabo son relativamente recientes, se iniciaron en un océano ya lleno de ruido antropogénico y sumamente impactado por este, junto con otros factores como la sobrepesca. Por ello, ignoramos realmente cómo era el paisaje sonoro del océano sin existencia de la antropofonía, solo habitado por sonidos de la fauna marina y de la geofonía.

Esto impide en cierta manera proceder a regulaciones certeras y eficaces, ya que no existe un punto de referencia claro a partir del cual actuar y se desconoce la medida en que la fauna podría haberse adaptado al ruido antropogénico.

El mejor indicador son las regiones fuera de la influencia de la actividad humana, que pueden existir en áreas aisladas, como algunas zonas del océano Austral o, hasta hace poco, del Ártico.[143] Sin embargo, también estas zonas están siendo cada vez más exploradas.

Otro de los factores limitantes tiene que ver con la comprensión insuficiente respecto de los impactos potenciales a largo plazo y a nivel de poblaciones, así como la importancia biológica correspondiente.[144]

Hemos visto que la mayoría de los estudios realizados se centran en los impactos sobre una determinada especie o individuo, pero el conocimiento sobre cómo estos daños en un individuo afectan a otras funciones biológicamente importantes a nivel poblacional es escaso. Aún más, los perjuicios sobre estas funciones provocan un efecto dominó sobre el ecosistema cuyos impactos potenciales nos es muy difícil predecir. Incluso si se pudieran determinar las consecuencias sobre la población, queda la pregunta de cómo afectan estas consecuencias a la estructura, función y estabilidad del ecosistema del que forma parte la población.[145]

Otra de las cuestiones reconocidas como lagunas de conocimiento que cabe mencionar aquí, aunque ya la hemos adelantado, es el estudio de los efectos acumulativos resultado de los impactos negativos de la diversidad de fuentes de ruido oceánico, así como del resto de presiones que ejercemos sobre el medio marino (otras formas de contaminación marina, acidificación de los océanos, cambio climático, sobrepesca, capturas incidentales, especies exóticas invasoras…). Este es en particular un gran desafío que superar, ya que el efecto real sobre las especies y los ecosistemas marinos dependerá de la suma de todos los impactos provocados por las múltiples presiones antropogénicas.

Respecto a este punto, es imprescindible integrar en los estudios el conjunto de estos impactos negativos que provocamos sobre los ecosistemas marinos, de forma que podamos elaborar a partir de ellos diferentes escalas y fuentes para permitir

---

143 *Ibidem.*
144 ERBE, C. *et al.* (2019). «The Effects of Ship Noise…». *Op. cit.*, pág. 13.
145 *Ibidem.*

una evaluación que dé cuenta del impacto real del ruido antropogénico que sufre la fauna marina.

Por último, destacamos la necesidad, reconocida por varios autores,[146] de elaborar una serie de estándares comunes, tanto para labores de monitoreo como para las mediciones y los marcos o sistemas de archivo para los enfoques de grabación acústica y los datos recopilados asociados, que permitan hacer que los resultados sean comparables y sintetizables y evitar que haya errores, facilitando así también el acceso a la información.

Resumiendo un poco lo expuesto a lo largo de estos dos primeros capítulos, consideramos demostrado que el ruido antropogénico submarino constituye un contaminante que no puede ignorarse y debe abordarse imprescindiblemente dentro de las políticas dirigidas a mitigar el impacto humano en los océanos.

Regular nuestras actividades en el mar es particularmente urgente dado el vigente enfoque en la economía oceánica, que continúa en expansión y suma nuevas industrias, como la minería de aguas profundas, que pueden ser fuentes importantes de ruido submarino y contribuir aún más a la presión que ejercemos sobre el medio marino.[147]

---

146 Širović, A. *et al.* (2021). «Chapter 20: Trends in inputs of anthropogenic…». *Op. cit.*, pág. 312.
147 Duarte, C.M. *et al.* (2021). «The soundscape of the Anthropocene…». *Op. cit.*, pág. 7.

3. La contaminación acústica marina como delito ambiental

Ahora bien, como señalamos al inicio del presente trabajo, nuestra idea en este análisis es exponer la situación actual de investigación y conocimiento para lograr dimensionar la problemática de la contaminación acústica marina, tratando de poner de manifiesto la importancia del ruido submarino como elemento contaminante, así como los efectos adversos que genera, y la consiguiente necesidad de establecer una adecuada regulación para evitar el deterioro de los ecosistemas marinos. En este camino, nos detenemos en el abordaje penal de la cuestión con el objetivo de encontrar en el derecho penal una herramienta útil para tal fin, planteando la posibilidad de encuadrar la contaminación acústica marina como delito ambiental.

De esta manera, en este capítulo nos disponemos al análisis del marco jurídico existente tanto a nivel internacional como de la UE y nacional, teniendo como meta el conocimiento de mecanismos o herramientas normativas útiles para regular, limitar o minimizar los efectos adversos de este contaminante.

3.1 Marco jurídico internacional

En un primer momento, nos detendremos para conocer si existe en el marco jurídico internacional alguna norma que disponga regulaciones sobre la contaminación acústica del medio marino o determine la obligación de abordar esta problemática desde una perspectiva penal, es decir, si desde el derecho internacional se establece algún delito específico o sanción penal en relación con el ruido submarino, o la obligación para los Estados de actuar en este sentido.

Con este fin, comenzaremos por el estudio de los principales instrumentos jurídicos existentes en relación con el ruido submarino, identificando las disposiciones penales en los principales convenios internacionales ambientales. Para ello, seguiremos la clasificación de los tratados propuesta por Marquès-Banqué, según hagan referencia expresa a sanciones penales, referencia indirecta a sanciones penales o referencia indirecta a sanciones sin especificar la naturaleza penal (cuando los convenios se refieren únicamente a la obligación de las partes de adoptar «medidas adecuadas» para garantizar el cumplimiento de las obligaciones derivadas de estos).[148]

También trataremos las decisiones, resoluciones o recomendaciones de diversos organismos internacionales que se han dedicado al estudio del ruido submarino.

En principio, el marco jurídico internacional de la contaminación acústica marina está establecido inicialmente por diversos instrumentos jurídicos, en particular la Convención de las Naciones Unidas sobre el Derecho del Mar de 1982 (UNCLOS), en la cual se enuncia el marco jurídico que regula las actividades que se desarrollan en los océanos.

Si bien en esta convención se observan los inicios de un abordaje internacional de la materia, no fue hasta unas décadas más tarde cuando el ruido submarino comienza a aparecer reconocido de forma explícita en los acuerdos, convenciones y foros internacionales de conservación ambiental.

Pero es en la última década, en particular, en la que vemos una mayor intención por estudiar y regular la contaminación acústica marina y las diversas fuentes que la generan. En este sentido, veremos que se han acordado una serie de resoluciones sobre la cuestión del ruido submarino antropogénico, reconociéndolo como una amenaza para los organismos marinos que es necesario comprender y gestionar.[149] Sin embargo, hasta el momento, las fuentes de ruido submarino no están reguladas a nivel internacional.

La Convención de las Naciones Unidas sobre el Derecho del Mar de 1982 (UNCLOS)[150]

En los primeros capítulos hemos visto que el ruido es entendido como una forma de energía que introducimos mediante el desarrollo de diversas actividades en el medio marino, sea intencionadamente o no. De esta forma, como forma de energía, algunos estudios[151] lo consideran incluido en el concepto de contaminación recogido en la UNCLOS.

---

148 Marquès-Banqué, Maria (2021). «Environmental Crime. Assessing and enhancing EU compliance with international environmental law». En: Mar Campins Eritja (ed.). *The European Union and Global Environmental Protection. Transforming Influence into Action.* Nueva York: Routledge, págs. 132-148.

149 Thomsen, F. *et al.* (2021). «Addressing underwater noise in Europe…». *Op. cit.*, pág. 24.

150 Convención de las Naciones Unidas sobre el Derecho del Mar, adoptada en Montego Bay el 10 de diciembre de 1982, en vigor desde el 16 de noviembre de 1994, núm. 31363 (1904 UNTS 320).

151 Morelle Hungría, E. (2020). «La protección de la biodiversidad marina frente al ruido subacuático: ¿es necesario incorporar valores umbral?». *Revista de la Escuela Jacobea de Posgrado*, 19, pág. 78. Wright, A.J. (2014). «Reducing Impacts of Human Ocean Noise…». *Op. cit.*, pág. 8. Duarte, C.M. *et al.* (2021). «The soundscape of the Anthropocene…». *Op. cit.*, entre otros.

La contaminación del medio marino ha sido conceptualizada como hemos visto por la UNCLOS,[152] cuyo artículo primero establece que es: «La introducción por el hombre, directa o indirectamente, de sustancias **o energía** en el medio marino incluidos los estuarios, que produzca o pueda producir efectos nocivos, tales como daños a los recursos vivos y a la vida marina, peligro para la salud humana, obstaculización de las actividades marítimas, incluidos la pesca y otros usos legítimos del mar para su utilización y menoscabo de los lugares de esparcimiento».

Dado que ya hemos evidenciado suficientemente los efectos nocivos causados por el ruido marino, la categorización de ruido como contaminante se encuentra ya fundada debido a que produce, o puede producir, efectos nocivos, como daños a la vida marina, peligros para la salud humana, obstáculos a las actividades marítimas —incluida la pesca—, deterioro de la calidad del agua del mar para su utilización y reducción de algunos servicios.[153]

De esta consideración como contaminación se desprenden una serie de efectos, ya que los Estados estarían obligados, en consecuencia, a tomar todas las medidas necesarias para prevenir, reducir y controlar la contaminación del medio marino procedente del ruido subacuático antropógeno.

En el capítulo XII de la Convención, que trata sobre la protección y conservación del medio marino, destacan una serie de diferentes obligaciones de los Estados en la lucha contra todo tipo de contaminación en el medio marino. Así, la UNCLOS determina en el artículo 194, en cuanto aquí nos interesa, que «los Estados tomarán todas las medidas compatibles con esta Convención que sean necesarias para prevenir, reducir y controlar la contaminación del medio marino procedente de cualquier fuente».

Además, insta a los países a actuar con un enfoque transfronterizo, tomando medidas para controlarla: «[…] los Estados tomarán todas las medidas necesarias para garantizar que las actividades bajo su jurisdicción o control se realicen de forma tal que no causen perjuicios por contaminación a otros Estados y su medio ambiente».

Estas medidas, según la Convención, incluirán a su vez reducir en el mayor grado posible la contaminación causada por buques y la contaminación procedente de instalaciones y dispositivos utilizados en la exploración o explotación de los recursos naturales de los fondos marinos y su subsuelo.

Finalmente, el artículo menciona las medidas necesarias para proteger y preservar los ecosistemas raros o vulnerables, así como los hábitats de las especies y otras formas de vida marina diezmadas, amenazadas o en peligro.

Además, el artículo 196 hace referencia al uso de la tecnología: «Los Estados tomarán todas las medidas necesarias para prevenir, reducir y controlar la contami-

---

152 La Convención fue ratificada por España el 14 de febrero de 1997, *BOE núm. 39. BOE-A-1997-3296*.
153 Naciones Unidas (2018). «Océanos y derecho…». *Op. cit.*, pág. 10.

nación del medio marino causada por la utilización de tecnologías bajo su jurisdicción o control».

La Asamblea General de las Naciones Unidas ha desarrollado y hecho un seguimiento genérico de esta Convención mediante diversas resoluciones que reconocen el ruido antropogénico como una amenaza real e instan a los Estados a actuar estableciendo medidas de protección. Sin embargo, la verdadera implementación de la Convención, como veremos, se lleva a cabo a través de los llamados convenios de mares regionales, los cuales abordaremos a continuación.

Como vemos, esta convención solo se refiere a «medidas necesarias para prevenir, reducir y controlar la contaminación del medio marino», de modo que constituye un instrumento internacional con referencias indirectas a sanciones, conforme a la clasificación propuesta en el apartado introductorio del capítulo, sin que se mencione de manera expresa la obligación de los Estados parte a abordar la contaminación desde una perspectiva penal.

Convenio sobre la Diversidad Biológica (CDB)[154]

Las resoluciones del Convenio sobre la Diversidad Biológica (CDB) también se han referido al ruido antropogénico submarino.

La Decisión XII/23 adoptada por la Conferencia de las Partes (COP) en el CDB, titulada «Diversidad biológica marina y costera: Impactos sobre la diversidad biológica marina y costera del ruido submarino antropogénico»,[155] trata sobre los efectos del ruido submarino antropógeno en la diversidad biológica marina y costera, y alienta a las partes y otros gobiernos a adoptar medidas adecuadas para evitar, minimizar y mitigar los posibles efectos adversos significativos del ruido submarino antropogénico en la diversidad biológica marina y costera.

Entre las medidas que recomienda a las partes, destacamos las de mitigar y gestionar el ruido submarino antropógeno mediante el empleo de la gestión espacio-temporal de actividades; incluir consideraciones sobre el ruido en el establecimiento y la elaboración de planes de gestión de áreas protegidas marinas; considerar umbrales como una herramienta para proteger las especies sensibles al ruido, teniendo en cuenta los lugares que habitan durante las etapas críticas del ciclo de vida, así como los resultados pertinentes de la investigación y la información adicional; llevar a cabo más investigaciones sobre las brechas de conocimiento significativas restantes; y efectuar relevamientos de especies sensibles al sonido para identificar áreas donde esas especies pueden estar expuestas a impactos de ruido.

154 Convenio sobre la Diversidad Biológica (CDB), adoptado el 5 de junio de 1992, en vigor desde el 29 de diciembre de 1993, I-30619 (1760 UNTS 79).

155 Convenio sobre la Diversidad Biológica, Decisión XII/23 «Diversidad biológica marina y costera: Impactos sobre la diversidad biológica marina y costera del ruido submarino antropogénico», adoptada por la Conferencia de las Partes en su 12ª reunión. UNEP/CBD/COP/DEC/XII/23, 17 de octubre de 2014.

Posteriormente, la Decisión XIII/10,[156] sobre «Tratamiento de los efectos de los detritos marinos y el ruido submarino antropógeno en la diversidad biológica marina y costera», trata nuevamente sobre los impactos del ruido submarino antropogénico en la biodiversidad marina y costera y vuelve a instar a organizaciones competentes y Estados parte a que continúen colaborando y compartiendo sus experiencias en la implementación de medidas, en consonancia con el enfoque de precaución, para evitar, minimizar y mitigar los efectos adversos significativos del ruido submarino antropógeno en la diversidad biológica marina y costera.

En el marco del CDB, se han publicado una serie de revisiones anuales sobre los conocimientos e impactos recientes del ruido antropogénico en los que se sintetiza el mejor conocimiento disponible en esta área, mencionando al mismo tiempo las lagunas en el conocimiento, con el objeto de proporcionar una descripción general de la investigación que se ha llevado a cabo sobre los impactos potenciales de la generación de sonido subacuático antropogénico en la biodiversidad, y asesorar a las partes sobre las medidas apropiadas para minimizar y mitigar estos impactos.

Destacamos especialmente la última revisión de este informe, titulada *Review of the Impacts of Anthropogenic Underwater Noise on Marine Biodiversity and Approaches to Manage and Mitigate them*, publicada en el 2022,[157] a la cual hemos recurrido a lo largo del texto.

En la Decimoquinta reunión de la Conferencia de las Partes (COP 15) del Convenio sobre la Diversidad Biológica celebrada en Canadá, del 7 al 19 de diciembre de 2022, se acordó el Marco Mundial de Biodiversidad de Kunming-Montreal.

El nuevo Marco adoptado tiene como principales objetivos la conservación de la diversidad biológica y la detención de los procesos de extinción masiva de especies; el uso sostenible de la biodiversidad; la distribución justa y equitativa de los recursos genéticos y de los conocimientos tradicionales asociados; y la obtención para las Partes de los medios de implementación adecuados, incluidos recursos financieros, la creación de capacidad, la cooperación técnica y científica, y el acceso a tecnología y su transferencia, para implementar plenamente el Marco Mundial de Biodiversidad de Kunming-Montreal.

A tales fines se acordó el establecimiento de 23 metas de actuación para 2030, entre las cuales destacan fundamentalmente, en relación con el tema del presente trabajo:

+ El llamado acuerdo 30x30, que consiste en que, para 2030, al menos el 30 % de las zonas terrestres, de aguas continentales y costeras y marinas, especialmente las zonas de particular importancia para la biodiversidad y las funciones y los

---

156 Convenio sobre la Diversidad Biológica, Decisión XIII/10 sobre «Tratamiento de los efectos de los detritos marinos y el ruido submarino antropógeno en la diversidad biológica marina y costera», adoptada por la Conferencia de las Partes en su 13ª reunión. CBD/COP/DEC/XIII/10, 10 de diciembre de 2016.

157 HARDING, S. y COUSINS, N. (2022). *Review of the Impacts of Anthropogenic Underwater Noise… Op. cit.*

servicios de los ecosistemas, se conserven y gestionen eficazmente mediante sistemas de áreas protegidas.

+ El compromiso de reducir para 2030 los riesgos de contaminación y el efecto negativo de la contaminación de todo origen y llegar a niveles que no sean perjudiciales para la diversidad biológica y las funciones y los servicios de los ecosistemas, considerando los efectos acumulativos

+ Para 2025, precisar y eliminar, eliminar gradualmente o reformar los incentivos, incluidas las subvenciones perjudiciales para la diversidad biológica.

Si bien no hace alusión explícita a la contaminación acústica marina, si se refiere a este tipo de contaminación una de las decisiones adoptadas en la COP 15 —la Decisión 15/24 sobre «Conservación y utilización sostenible de la diversidad biológica marina y costera»—, la cual «alienta a las Partes e invita a otros Gobiernos, así como a los pueblos indígenas, las comunidades locales y otros interesados pertinentes, a tomar medidas, según proceda y dentro de sus competencias, y de conformidad con las leyes nacionales e internacionales para evitar, minimizar y mitigar los posibles efectos perjudiciales importantes del ruido submarino antropogénico en la diversidad biológica marina y costera».

En el marco del CDB, como se observa, las decisiones comentadas se limitan a realizar recomendaciones de adopción de medidas adecuadas para evitar, minimizar y mitigar los posibles efectos adversos significativos del ruido submarino antropogénico, entre las que menciona una serie de medidas a modo de ejemplo, sin que ninguna de ellas tenga que ver con sanciones, mucho menos de índole penal.

De igual modo que sucede con la UNCLOS, podrían categorizarse como pertenecientes al grupo de instrumentos que hacen referencia indirecta a sanciones sin especificar la naturaleza penal, pero aquí cabe aclarar que no hablamos de obligaciones para las partes, sino de recomendaciones.

Convención sobre la Conservación de las Especies Migratorias de Animales Silvestres (CMS)[158]

Dentro de la Convención sobre la Conservación de las Especies Migratorias de Animales Silvestres (CMS), la Conferencia de las Partes ha emitido también una serie de resoluciones referidas al ruido antropogénico submarino y a su tratamiento por parte de Estados y organizaciones. Nos disponemos aquí a mencionar algunas de ellas.

Destaca la Resolución 9.19[159] sobre «Impactos antropogénicos adversos por ruido en el medio marino y oceánico sobre los cetáceos y sobre otras biotas», en la cual

---

158 Convención sobre la Conservación de las Especies Migratorias de Animales Silvestres (CMS), adoptada el 23 de junio de 1979, en vigor desde el 1 de noviembre de 1983, I-28395 (1651 UNTS).

159 Convención sobre la Conservación de las Especies Migratorias de Animales Silvestres, Resolución 9.19 sobre «Impactos antropogénicos adversos por ruido en el medio marino y oceánico sobre los cetáceos y sobre otras biotas»,

se reconoce explícitamente que «los ruidos marinos antropogénicos, según su fuente e intensidad, son una forma de contaminación, compuesta de energía, que puede degradar el hábitat y tener efectos nocivos sobre la vida marina, que van desde perturbaciones de la comunicación o cohesión del grupo hasta lesiones y la muerte».

En esta resolución, la COP alienta a las partes, entre otras recomendaciones, a esforzarse en controlar el impacto de la contaminación sonora antropogénica en los hábitats de especies vulnerables y en zonas donde los mamíferos marinos u otras especies en peligro pueden estar concentrados, y examinar la posibilidad de introducir «zonas protegidas de los ruidos» donde la emisión de ruidos submarinos pueda ser controlada y minimizada para la protección de los cetáceos y otras especies.

En particular, en su Resolución 10.24[160] sobre «Otras medidas para reducir la contaminación del ruido submarino para la protección de cetáceos y otras especies migratorias», reafirma la necesidad de una mayor investigación sobre el ruido submarino y la necesidad de una limitación internacional, nacional y regional del ruido submarino perjudicial, incluso a través de normativa.

Asimismo, insta a las partes a prevenir los efectos adversos sobre los cetáceos y sobre otras especies marinas migratorias mediante la restricción de la emisión de ruido submarino, entendida como mantenerlo al nivel más bajo necesario, dando especial prioridad a las situaciones en las que se sabe que los impactos sobre los cetáceos son graves.

También establece que, allí donde el ruido no pueda ser evitado, las partes deberían desarrollar un marco normativo apropiado y aplicar las medidas pertinentes para garantizar una reducción o mitigación del ruido antropogénico bajo el agua.

Insta a las partes a asegurar que las evaluaciones de impacto ambiental tengan plenamente en cuenta los efectos adversos de las actividades sobre los cetáceos y la biota marina en general, considerando sus rutas de migración y teniendo un enfoque ecológico más integral también en la fase de planificación estratégica; y a aplicar las mejores técnicas disponibles (MTD) y las mejores prácticas ambientales (MPA).

Por último, la Resolución 10.24 alienta a las partes a integrar el tema del ruido antropogénico marino en los planes de gestión de las áreas marinas protegidas (AMP).

En su resolución 12.14,[161] la Conferencia de las Partes de la Convención sobre la Conservación de las Especies Migratorias de Animales Silvestres aprobó las «Directri-

adoptada por la Conferencia de las Partes en su 9ª Reunión, Roma, 1-5 de diciembre de 2008. PNUMA/CMS/Resolución 9.19.

160 Convención sobre la Conservación de las Especies Migratorias de Animales Silvestres, Resolución 10.24 «Otras medidas para reducir la contaminación del ruido submarino para la protección de cetáceos y otras especies migratorias», adoptada por la Conferencia de las Partes en su 10ª Reunión, Bergen, 20-25 de noviembre de 2011. PNUMA/CMS/Resolución 10.24.

161 Convención sobre la Conservación de las Especies Migratorias de Animales Silvestres, Resolución 12.14 «Impactos adversos del ruido antropogénico sobre los cetáceos y otras especies migratorias», adoptada por la Conferencia

ces de la Familia CMS para las evaluaciones de impacto ambiental de las actividades generadoras de ruido marino», con el objeto de presentar las mejores técnicas disponibles (MTD) y las mejores prácticas ambientales (MPA) que proporcione a los responsables de la toma de decisiones un marco informativo suficiente sobre los impactos del ruido, para establecer normas de evaluación del impacto ambiental (EIA) eficientes en las jurisdicciones que tratan de gestionar las actividades marinas que generan ruido.

Si bien dentro de la CMS se han emitido numerosas resoluciones referidas al ruido antropogénico submarino que reconocen la gravedad de sus efectos contaminantes y la necesidad de evitarlo, mitigarlo y regularlo, ninguna de ellas establece obligaciones para los Estados en este sentido, sino que se limitan a realizar recomendaciones, sin hacer tampoco referencia a la disposición de medidas con trascendencia penal.

Convenio OSPAR para la protección del Medio Ambiente Marino del Atlántico del Nordeste[162]

El Convenio para la protección del Medio Ambiente Marino del Atlántico del Nordeste, o convenio OSPAR, es de obligado cumplimiento para las partes contratantes.

El Convenio, de modo similar a UNCLOS, define la contaminación en el artículo primero como «la introducción por parte del hombre, de forma directa o indirecta, de sustancias o energía en la zona marítima que entrañen o puedan entrañar riesgos para la salud humana, dañen o puedan dañar los recursos biológicos y los ecosistemas marinos, reduzcan o puedan reducir las posibilidades de esparcimiento o dificulten o puedan dificultar otros usos legítimos del mar». Y contempla a continuación, en el artículo segundo, la obligación de los Estados de reducir y mitigar los impactos de la contaminación en el medio ambiente marino. Así, establece que los Estados «adoptarán todas las medidas posibles a fin de prevenir y eliminar la contaminación, así como las medidas necesarias para proteger la zona marítima de los efectos dañinos de las actividades humanas, de manera que se proteja la salud humana y se preserven los ecosistemas marinos y, si es posible, se recuperen las zonas marinas que hayan padecido dichos efectos».

Además, en el anexo V del Convenio, sobre la protección y conservación de los ecosistemas y la diversidad biológica del área marítima, las partes se comprometen a adoptar las medidas necesarias para proteger y conservar los ecosistemas y la diversidad biológica del espacio marítimo y restaurar, cuando sea factible, las zonas marinas que hayan sido negativamente afectadas; a cooperar en la adopción de programas y medidas con esos fines para el control de las actividades humanas identificadas por la aplicación de los criterios del apéndice 3; a preservar y gestionar las especies ame-

---

de las Partes en su 12ª Reunión, Manila, octubre de 2017. UNEP/CMS/Resolución 12.14.
162 Convenio para la Protección del Medio Ambiente Marino del Atlántico del Nordeste (OSPAR), adoptado en París, 22 de septiembre de 1992, en vigor desde el 25 de marzo de 1998.

nazadas, y, en particular, a identificar, con vistas a su regulación, las actividades que causan, o es probable que causen, un impacto significativo sobre la conservación de la biodiversidad.

En el texto del Convenio, así como en el anexo, se obliga a las partes a adoptar un enfoque precautorio obligatorio y a aplicar las mejores tecnologías disponibles para reducir y mitigar los impactos de la contaminación.

La Estrategia Medioambiental del Atlántico Nordeste de OSPAR para 2030, adoptada en octubre de 2021, establece un nuevo objetivo estratégico para reducir el ruido submarino antropogénico a niveles que no afecten negativamente al medio ambiente marino, y compromete a OSPAR a elaborar, para 2025, un plan de acción regional que establezca una serie de acciones nacionales, colectivas y, en su caso, medidas OSPAR para reducir la contaminación acústica.

Este Convenio, del mismo modo que los anteriores, puede ser encuadrado en el grupo de aquellos que se refieren indirectamente a la disposición de sanciones, por cuanto, si bien obliga a las partes a disponer de medidas, se refiere a medidas «posibles» y «necesarias», sin hablar expresamente de sanciones.

Convenio de Barcelona para la protección del medio marino y de la región costera del Mediterráneo[163]

Entre los acuerdos regionales que abordan el ruido antropogénico submarino como forma de contaminación, debemos mencionar también el Convenio de Barcelona para la protección del medio marino y de la región costera del Mediterráneo, jurídicamente vinculante, que alude a la obligación de las partes contratantes de tomar las medidas apropiadas, individual o conjuntamente, para prevenir, reducir, combatir y, en la medida de lo posible, eliminar la contaminación en la zona del mar Mediterráneo y proteger y mejorar el medio ambiente marino, así como contribuir a su desarrollo sostenible. Asimismo, establece la obligación de que las actividades que precisan autorización nacional obtengan una evaluación de impacto ambiental.

En el marco de este Convenio se han acordado una serie de protocolos, entre los cuales interesa aquí el «Protocolo para la protección del Mediterráneo frente a la contaminación derivada de la exploración y explotación de la plataforma continental y el suelo y subsuelo marino», cuyo artículo tercero recoge la obligación de las partes de tomar todas las medidas adecuadas para evitar, reducir, combatir y controlar la contaminación resultante de actividades, velando, entre otras cosas, porque se utilicen para este fin las mejores técnicas disponibles, ecológicamente eficaces y económicamente adecuadas, y con el deber de adoptar todas las medidas necesarias para que las actividades no causen contaminación.

---

163 Convenio de Barcelona para la protección del medio marino y de la región costera del Mediterráneo (Convenio de Barcelona), adoptado en Barcelona el 16 de febrero de 1976, en vigor desde el 12 de febrero de 1978.

Asimismo, el «Protocolo sobre las zonas especialmente protegidas y la diversidad biológica en el Mediterráneo» dispone que cada parte tendrá la obligación de tomar las medidas necesarias para proteger, preservar y gestionar zonas de valor natural mediante el establecimiento de zonas protegidas, así como las medidas para proteger, preservar y ordenar especies de flora y fauna amenazadas o en peligro. Además, añade la obligación de identificar y regular las actividades que tienen o pueden llegar a tener un impacto significativo sobre la conservación de la biodiversidad.

Por otro lado, el Convenio de Barcelona aprobó en la Conferencia de las Partes (COP) de 2008 la Decisión IG 17/6 para aplicar el enfoque ecosistémico en la gestión ambiental.

Si bien este Convenio es un poco más categórico que los comentados hasta ahora en cuanto a obligar a los Estados a disponer de normativas, continúa hablando de medidas adecuadas o necesarias para evitar, reducir, combatir y controlar la contaminación resultante de actividades. Por lo que, en definitiva, queda de igual modo comprendido en el tercer grupo de la clasificación que seguimos para el análisis.

El Acuerdo sobre la Conservación de los Cetáceos del Mar Negro, Mar Mediterráneo y la Zona Atlántica Contigua (ACCOBAMS)[164]

El Acuerdo sobre la Conservación de los Cetáceos del Mar Negro, Mar Mediterráneo y la Zona Atlántica Contigua (ACCOBAMS) es una herramienta legal de conservación que tiene como fin reducir las amenazas a los cetáceos. A través de este Acuerdo los Estados parte se comprometen a realizar esfuerzos para preservar todas las especies de cetáceos y sus hábitats mediante la aplicación de medidas más estrictas que las definidas en los textos adoptados anteriormente.

Más específicamente, el Acuerdo determina que las partes deberán adoptar las medidas legislativas, reglamentarias o administrativas necesarias para conceder plena protección a los cetáceos bajo su soberanía y/o jurisdicción, y exige que se realicen evaluaciones de impacto que sirvan de fundamento para permitir o prohibir la continuación o el futuro desarrollo de actividades que puedan afectar a los cetáceos o a su hábitat.

El Acuerdo se limita a disponer la obligación de adoptar medidas legislativas o reglamentarias, sin hacer referencia específica a la naturaleza penal de las normas, aunque esta no es descartada en la redacción. Este Acuerdo, de igual modo que los anteriores, queda comprendido en el tercer grupo que hemos analizado, que se reduce a hacer referencia indirecta a sanciones sin especificar su índole penal.

En el marco de ACCOBAMS, se han aprobado varias resoluciones:

164 Acuerdo sobre la Conservación de los Cetáceos del Mar Negro, Mar Mediterráneo y la Zona Atlántica Contigua (ACCOBAMS), adoptado en Mónaco el 24 de noviembre de 1996, en vigor desde el 1 de junio de 2001, ratificado por España el 2 de febrero de 1999.

- Resolución 2.16, sobre «Evaluación del efecto de los ruidos provocados por el hombre», que insta a las partes y a los Estados que no son partes a que tengan especial cuidado y, si procede, eviten cualquier uso de ruido artificial en el hábitat de especies vulnerables y en zonas donde puedan concentrarse mamíferos marinos o especies en peligro de extinción.

- Resolución 3.10, que contiene las «Directrices para tratar el impacto del ruido antropogénico en los mamíferos marinos del área ACCOBAMS». En esta Resolución las partes del Acuerdo se comprometen a actuar con una serie de principios comunes, así como a desarrollar y aplicar cuando sea posible procedimientos de evaluación de impacto ambiental y medidas correctoras específicas.

- Resolución 4.17, «Directrices para abordar el impacto del ruido antropogénico sobre los cetáceos en el área de ACCOBAMS».

- Resolución 5.15 «Tratar el impacto del ruido antropogénico», que insta a los organismos nacionales e internacionales pertinentes a desarrollar normas y estándares que definan metodologías y protocolos para medir el ruido y evaluar el impacto del ruido en la vida marina; a exigir la aplicación de las mejores prácticas para eliminar o reducir el ruido antropogénico; y a integrar la cuestión del ruido antropogénico en los planes de gestión de las áreas marinas protegidas, entre otros mandatos.

- Resolución 6.17 «Ruido Antropogénico», de la cual destacamos la solicitud a las partes de realizar evaluaciones de impacto estratégico (EIS), evaluaciones de impacto ambiental (EIA) y otras evaluaciones pertinentes antes de la adopción de planes, programas y proyectos que puedan afectar a los cetáceos, especialmente aquellos que impliquen ruido impulsivo. Además, como norma mínima, señala que dichas evaluaciones deberían proporcionar información biológica y medioambiental de base para describir el área que se ve afectada; caracterizar completamente las operaciones y sus componentes acústicos —lo que debería incluir una modelización profesional de las características de propagación del sonido y del área que experimentará el ruido antropogénico por encima de niveles sonoros ambientales naturales—; evaluar el impacto sobre los cetáceos dentro de esta área, y considerar los posibles efectos acumulativos de otras actividades antropogénicas.

- Resolución 7.13 «Ruido antropogénico». Esta última resolución, adoptada en 2019, alienta a las partes a abordar plenamente la cuestión del ruido antropogénico en el medio marino, incluidos los efectos acumulativos, a la luz de la mejor información científica disponible y teniendo en cuenta la legislación aplicable de las partes, en particular en lo que respecta a la necesidad de que se realicen evaluaciones de impacto ambiental.

Insta también a integrar la cuestión del ruido antropogénico en los planes de gestión de las áreas marinas protegidas, a evitar o minimizar la producción de ruido en las áreas marinas protegidas, a aplicar plenamente el enfoque de precaución y a prever las medidas de mitigación, e incluye disposiciones para la revisión por parte de especialistas y para las medidas que deben adoptarse en caso de que se produzcan acontecimientos inusuales, como varamientos masivos atípicos.

Esta resolución contiene a su vez dos anexos: el anexo 1, el Plan de acción resultante del taller sobre sonares e interacciones de cetáceos, y el anexo 2, las Directrices detalladas revisadas para abordar los impactos del ruido antropogénico en los cetáceos en el Área ACCOBAMS.

El Acuerdo sobre la Conservación de los Pequeños Cetáceos del Mar Báltico, Atlántico Noreste, Mar de Irlanda y Mar del Norte (ASCOBANS)[165]

Por su parte, el Acuerdo sobre la Conservación de los Pequeños Cetáceos del Mar Báltico, Atlántico Noreste, Mar de Irlanda y Mar del Norte (ASCOBANS) reconoce desde hace tiempo que el sonido submarino antropogénico subacuático constituye una gran amenaza para los pequeños cetáceos. De hecho, las primeras resoluciones que incluyeron el ruido se adoptaron en el año 2000. Aclaramos aquí que, aunque nos parece adecuada la mención de este Acuerdo debido al tratamiento que da al ruido submarino antropogénico, España no es parte de este.

Dentro del Acuerdo se han creado grupos de trabajo específicos dedicados a evaluar la perturbación acústica para examinar y evaluar las actividades humanas que generan ruido y las mejores prácticas relacionadas con la gestión de este, en cuyo estudio no nos detendremos.

En el marco de este Acuerdo destacan tres resoluciones específicamente referidas al ruido submarino antropogénico en diferentes contextos.

En primer lugar, la Resolución 5.4, sobre «Efectos adversos de las perturbaciones sonoras, provocadas por las embarcaciones y de otras formas sobre los pequeños cetáceos», aprobada en 2006, que insta a las partes a introducir directrices sobre medidas y procedimientos para los estudios sísmicos a fin de minimizar los riesgos para los pequeños cetáceos, así como a desarrollar medidas de mitigación efectivas, incluyendo evaluaciones de impacto ambiental.

En segundo lugar, la Resolución 6.2, sobre «Efectos adversos del ruido submarino sobre los mamíferos marinos durante las actividades de construcción en alta mar para la producción de energía renovable», adoptada en 2009, insta a las partes a que adopten un enfoque estratégico para las energías renovables marinas que incluya, antes

---

165 Acuerdo sobre la Conservación de los Pequeños Cetáceos del Mar Báltico, Atlántico Noreste, Mar de Irlanda y Mar del Norte (ASCOBANS), adoptado en septiembre de 1991 y en vigor desde marzo de 1994.

de la construcción de las instalaciones de energía renovable marinas, la realización de evaluaciones ambientales estratégicas y evaluaciones de impacto ambiental que tengan en cuenta la fase de construcción y los impactos acumulativos, y a que consideren el principio de precaución a la hora de adoptar medidas y procedimientos para todas las actividades que rodean el desarrollo de la producción de energía renovable con el fin de minimizar los riesgos.

Y, finalmente, la Resolución 8.11, que incorpora las «Directrices de la Familia CMS sobre las evaluaciones de impacto ambiental para las actividades generadoras de ruido marino».

Como vemos, no se hace referencia a medidas con trascendencia penal en ninguna de las resoluciones.

Asamblea General de las Naciones Unidas (ONU)

Algunos organismos internacionales también han abordado la cuestión del ruido antropogénico submarino como contaminante.

Así, la Asamblea General de las Naciones Unidas ha reconocido en los últimos años el ruido antropogénico como una de las amenazas reales a la biodiversidad marina. En este sentido, ha abordado el ruido submarino en diversas resoluciones, a saber: 61/222 (2006), A/62/215 (2007), A/63/L.42 (2008) y A/66/70 (2011), entre otras; y lleva a cabo actividades de compilación de información y estudios en la materia, aunque sin haber adoptado ninguna medida específica hasta la fecha.[166]

Dentro del seguimiento llevado a cabo por la Asamblea General de las Naciones Unidas sobre la temática, merece la pena destacar la Declaración de las Naciones Unidas (ONU) de 2017 «Nuestros océanos, nuestro futuro: llamamiento a la acción»,[167] en la cual se incluyó una referencia específica para abordar el ruido submarino.

Esto fue seguido en 2018 por el Proceso Abierto de Consultas Oficiosas de las Naciones Unidas sobre los Océanos y el Derecho del Mar,[168] durante el cual las partes debatieron sobre los impactos del ruido submarino y recalcaron particularmente la importancia de hacer frente al impacto socioeconómico del ruido submarino antropógeno, incluidos los efectos sobre el turismo, la pesca, el transporte, el suministro de bienes y servicios, los medios de vida y la seguridad alimentaria, así como la pesca artesanal y las comunidades costeras, los pueblos indígenas y su patrimonio cultural.

También se mencionó en este contexto la importancia de estudiar los efectos acumulativos del ruido sobre los ecosistemas marinos y otros factores de perturbación

---

166 Ministerio de Agricultura, Alimentación y Medio Ambiente (2012). «Documento técnico sobre impactos y mitigación…». *Op. cit.*, pág. 14.

167 Declaración de las Naciones Unidas (ONU) «Nuestros océanos, nuestro futuro: llamamiento a la acción». Resolución aprobada por la Asamblea General el 6 de julio de 2017. A/RES/71/312.

168 Informe sobre la labor del Proceso Abierto de Consultas Oficiosas de las Naciones Unidas sobre los Océanos y el Derecho del Mar en su 19.ª reunión, 9 de julio de 2018, A/73/124.

ambiental, como el cambio climático y la interacción entre ambos, así como el impacto socioeconómico conexo.

A consecuencia de este Proceso se publicó un informe del Secretario General titulado «Los océanos y el derecho del mar»,[169] presentado también en 2018, que constituye un documento interesante para el presente estudio debido a que lleva a cabo una revisión general de la problemática en torno al ruido antropogénico submarino.

También a partir de este Proceso se aprobó en 2019 la Resolución 74/19 de la Asamblea General de la ONU,[170] que incluye explícitamente el ruido submarino e insta a los Estados a adoptar enfoques y medidas eficaces para evaluar y abordar los posibles efectos socioeconómicos y ambientales del ruido subacuático antropógeno, teniendo en cuenta el criterio de precaución y los enfoques ecosistémicos. Asimismo, alienta a la Organización Marítima Internacional (OMI) para que tome medidas sobre el ruido del transporte marítimo, en particular, analizando la eficiencia energética y las medidas de reducción del ruido en conjunto.

Por último, consideramos imprescindible mencionar la reciente publicación de la *Segunda Evaluación Mundial de los Océanos* por parte de la ONU, documento en el que se proporciona información sobre determinados aspectos de los océanos y su relación con las personas. Su capítulo 20, titulado «Tendencias en la aportación de ruido antropogénico al medio marino», se dedica especialmente al abordaje de la contaminación acústica marina.[171]

Con todo, la Asamblea General de las Naciones Unidas no se ha planteado la consideración de la contaminación acústica marina como delito ambiental. Los delitos ambientales han sido abordados desde la perspectiva de la delincuencia organizada transnacional, pero están lejos de contar con una regulación consolidada. No fue hasta el 21 de noviembre de 2016 que la Asamblea General de las Naciones Unidas reconoció por primera vez los delitos ambientales como un tipo de delincuencia organizada transnacional.[172] El 16 de octubre de 2020, durante la 10.ª Conferencia de las Partes de la Convención de las Naciones Unidas contra la Delincuencia Organizada Transnacional (UNTOC, por sus siglas en inglés),[173] se dio otro paso decisivo con la aprobación de la Resolución «Prevenir y combatir los delitos que afectan al medio ambiente en el ámbito de la Convención de las Naciones Unidas contra la Delincuencia Organizada Transnacional». Como ya ha indicado la doctrina, «el nombre, que difiere sustancialmente del inicialmente propuesto por Francia ("Prevenir y combatir la delincuencia

169 Informe del Secretario General «Océanos y derecho del mar». Publicado el 20 de marzo de 2018. Asamblea General de las Naciones Unidas. A/73/68.

170 Resolución «Los océanos y el derecho del mar». Aprobada por la Asamblea General de las Naciones Unidas el 10 de diciembre de 2019. A/RES/74/19.

171 Širović, A. *et al.* (2021). «Chapter 20: Trends in inputs of anthropogenic…». *Op. cit.*

172 Resolución 71/19 sobre la Cooperación entre Naciones Unidas e INTERPOL.

173 Convención de las Naciones Unidas contra la Delincuencia Organizada Transnacional, adoptada el 15 de noviembre de 2000, en vigor desde el 29 de septiembre de 2003 (2225 UNTS 209).

ambiental") es indicativo de la (todavía) inexistencia de consenso internacional en torno al concepto de delincuencia ambiental».[174]

Comisión Ballenera Internacional (CBI)

Otro de los organismos internacionales que se dedica al tratamiento del ruido submarino antropogénico es la Comisión Ballenera Internacional (CBI), que tiene como propósito la conservación adecuada de las poblaciones de ballenas. La CBI lleva varias décadas realizando investigaciones científicas e informando a los responsables políticos sobre el ruido submarino, especialmente en relación con los cetáceos, y en tal sentido ha emitido resoluciones que aquí comentaremos.

La primera resolución de este organismo referida al ruido antropogénico fue la Resolución 1998-6, en la que la CBI identifica los impactos del ruido antropogénico como un tema prioritario que abordar.

En 2018, la Comisión acordó la Resolución 2018-4, sobre el ruido submarino antropogénico, de la que destacamos una serie de aspectos.

En primer lugar, recuerda la Convención de las Naciones Unidas sobre el Derecho del Mar, que establece la obligación de los Estados de proteger y preservar el medio ambiente marino y de evaluar los efectos potenciales de las actividades que pueden causar una contaminación sustancial o cambios significativos y perjudiciales en el medio marino, incluidos los mamíferos.

Por otro lado, insta a los Estados a que adopten medidas de mitigación del ruido submarino que afecta a los cetáceos, así como medidas regulatorias. Y destaca específicamente la aplicación de un enfoque de precaución, recordando que la falta de certeza científica absoluta no debe utilizarse como razón para posponer la adopción de medidas rentables para abordar los efectos del ruido antropogénico submarino (u otras amenazas potenciales).

Por último, recomienda a los Estados que tengan en cuenta las Directrices de la OMI para la reducción del ruido submarino de la navegación comercial para abordar los impactos adversos en la vida marina y las Directrices de la CMS para evaluaciones de impacto ambiental para actividades marinas generadoras de ruido.

Además, en cuanto aquí interesa, el Comité Científico, en su informe a la 56.ª reunión de la CBI, concluyó que los sonares militares, las exploraciones sísmicas y otras fuentes de ruidos, como el transporte marítimo, constituyen para los cetáceos una importante y creciente amenaza, tanto aguda como crónica, y formuló una serie de recomendaciones a los gobiernos miembros en relación con la reglamentación de los ruidos antropogénicos.

174 Marquès-Banqué, M. (2021). «Problemas de persecución del tráfico internacional de fauna silvestre: la ilicitud solo en origen». En: Cuerda Arnau, M.L (dir.) y Periago Morant, J.J. (coord.). *De animales y normas. Protección animal y derecho sancionador.* Valencia: Tirant lo Blanch, pág. 227.

Entre sus recomendaciones, refiere únicamente medidas de mitigación y regulación del ruido submarino, sin entrar en detalles sobre sanciones, sean penales o no.

Unión Internacional para la Conservación de la Naturaleza (UICN)

La Unión Internacional para la Conservación de la Naturaleza se ha referido también al ruido antropogénico submarino en sus resoluciones.

En la Resolución 3068 de 2004,[175] la UICN definió el ruido como contaminación en el primer párrafo, donde reconoce «que los ruidos antropogénicos en el océano, dependiendo de la fuente e intensidad, son un tipo de contaminación consistente en energía que puede degradar el hábitat y tener efectos negativos en la vida marina, que van de perturbación a lesiones y mortalidad».

Esta resolución no vinculante incluyó un llamamiento a los Estados miembros para limitar el uso del sonar militar, lo que generó una posición discrepante de los EE. UU.[176]

Además de la importancia de esta definición, la Resolución tiene otros contenidos que resaltar, como por ejemplo la mención (de igual manera que han hecho otros organismos) de un enfoque precautorio. Solicita a los miembros gubernamentales de la UICN que, por medio de los mecanismos de que dispongan en virtud del derecho interno e internacional, incluso a través de la elaboración de instrumentos jurídicos, alienten el desarrollo de tecnologías alternativas y exijan el uso de las mejores técnicas de control disponibles, consideren cómo limitar el uso de fuentes de ruidos intensos hasta que se comprendan mejor sus efectos a corto y largo plazo, eviten el uso de esas fuentes en el hábitat de especies vulnerables y en zonas en que se puedan concentrar mamíferos marinos o especies en peligro, y tengan en cuenta la posibilidad de establecer, en sus directrices de gestión de las áreas marinas protegidas, restricciones a los ruidos.

Por otro lado, en 2016 la UICN desarrolló una guía práctica para la planificación ambientalmente responsable y efectiva de estudios geofísicos en alta mar y otras formas de imágenes ambientales, particularmente con respecto a los mamíferos marinos, aunque sus principios y prácticas se pueden aplicar a cualquier especie protegida y vulnerable.

En resumen, entre sus recomendaciones señala el establecimiento de restricciones al ruido en el marco de gestión de áreas marinas protegidas a través de la elaboración de instrumentos jurídicos. Pero, como vemos, no es la excepción a la regla, y de igual modo que los casos anteriores, no establece disposiciones expresas referidas

---

175 Resolución 3.068 de la Unión Internacional para la Conservación de la Naturaleza (UICN) relativa a la contaminación acústica subacuática (Congreso Mundial de la Naturaleza en su tercer período de sesiones celebrado en Bangkok, Tailandia, del 17 al 25 de noviembre de 2004).

176 Wright, A.J. (2014). «Reducing Impacts of Human Ocean Noise...». *Op. cit.*, pág. 9.

a sanciones penales, aunque hable de normas para restringir el ruido, entre las cuales podrían encontrarse medidas sancionatorias.

Organización Marítima Internacional (OMI)

La Organización Marítima Internacional (OMI) es el organismo especializado de las Naciones Unidas responsable de la seguridad y protección de la navegación y de prevenir la contaminación del mar por los buques.

Dentro del marco de la OMI, los inicios de un abordaje del ruido submarino antropogénico se remontan al año 2004, cuando el Comité de Protección del Medio Marino (MEPC) de la OMI comenzó a debatir sobre los impactos dañinos en la vida marina del ruido submarino de los barcos.

Así, en 2008 el MEPC acordó desarrollar unas pautas técnicas no obligatorias sobre estrategias de control del ruido de los barcos, reconociendo que el ruido submarino asociado con el transporte marítimo era un problema que podía mitigarse y abordando las preocupaciones sobre sus impactos negativos a corto y largo plazo en la vida marina.

De esta manera, en 2014 se aprobaron las Directrices para reducir el ruido submarino debido al transporte marítimo comercial y sus efectos adversos en la vida marina (MEPC. 1/Circ.833), de cumplimiento voluntario, que se centraron en aspectos técnicos de las fuentes primarias de ruido submarino, concretamente en las hélices, la forma del casco, la maquinaria de a bordo y varias recomendaciones operativas y de mantenimiento, como la limpieza del casco.[177] Las Directrices también incluyen definiciones y normas para la medición del ruido submarino.

Recientemente, en 2021, dentro del MEPC se acordó iniciar una nueva revisión de estas Directrices con el objeto de proporcionar recomendaciones actualizadas de conformidad con los nuevos avances tecnológicos y abordar las barreras que impiden su implementación en el camino a la reducción del ruido submarino generado por los buques.

Dentro del marco de la OMI, el ruido submarino generado por los buques también es abordado mediante el establecimiento de zonas marinas especialmente sensibles y medidas de organización del tráfico. Se reconocen zonas que requieren una especial protección debido a su importancia ecológica, a partir de las cuales pueden adoptarse medidas de organización del tráfico para proteger la vida marina presente en una zona marina especialmente sensible. A tal efecto se aprobó en 2005 la Resolución A.982(24), que establece las Directrices revisadas para la determinación y designación de zonas marinas especialmente sensibles, que reconocen que el ruido de los barcos puede afectar negativamente al medio marino y los recursos vivos del mar.

---

177 Organización Marítima Internacional (OMI) (sf). «El ruido producido por los buques». Recuperado de: <https://www.imo.org/es/MediaCentre/HotTopics/Paginas/Noise.aspx>

Las Directrices de la OMI no hacen referencia específica a obligaciones o recomendaciones para los Estados, sino que se reducen principalmente a cuestiones técnicas y de diseño de embarcaciones, esto es, se dirigen a la reducción del ruido submarino en su fuente.

En suma, analizando lo hasta aquí expuesto, podemos extraer una serie de observaciones o reflexiones respecto del marco jurídico internacional que nos permiten encuadrar nuestro planteamiento.

En primer lugar, reconocemos la centralidad de UNCLOS como instrumento jurídico vinculante que enmarca la cuestión y que necesariamente debemos tener en consideración.

Encontramos ampliamente fundada la caracterización del ruido submarino antropogénico como elemento contaminante, esto es, la existencia de una contaminación acústica marina de origen antropogénico comprendida en la definición de contaminación del medio marino adoptada por UNCLOS.

En segundo lugar, observamos una creciente preocupación por parte de todos los organismos internacionales citados sobre los efectos adversos del ruido submarino. De hecho, en casi la totalidad de resoluciones recientes de estos organismos está presente y cobra cada vez más énfasis la voluntad de una mayor investigación, regulación y mitigación de la contaminación acústica marina.

De todos modos, si bien celebramos estos avances, es oportuno reconocer también que hoy por hoy no existen concretamente regulaciones eficaces sobre la materia a nivel internacional. Salvo pocas excepciones, la mayoría de las normativas que hemos mencionado son recomendaciones u obligaciones no vinculantes para los Estados.

En cuanto al ámbito penal, señalamos que no existe en principio ninguna normativa que ordene a los Estados elaborar normas penales específicas sobre la contaminación acústica marina. Así las cosas, podemos concluir, conforme a la clasificación propuesta inicialmente por Marquès-Banqué, que todos los instrumentos analizados constituyen tratados con referencia indirecta a sanciones, sin especificar la naturaleza penal, ya que todos ellos hacen mención a medidas «necesarias», «adecuadas» o «pertinentes» para actuar frente al ruido submarino.

Ninguna de las normas comentadas tiene impacto directo sobre el derecho penal interno de los Estados. No encontramos de momento en el ámbito internacional disposiciones que contemplen sanciones o que busquen responsabilizar penalmente en casos en los que se constate un evento de contaminación acústica. Absolutamente todas las obligaciones o recomendaciones son de índole preventiva, instando a los Estados a «prevenir», «reducir», «controlar», «evitar» o «minimizar», refiriéndose en general a tomar «todas las medidas posibles», lo que, si bien no descartaría en principio una naturaleza penal, tampoco la especifica.

En conclusión, tratándose de una problemática esencialmente transfronteriza debido a las propiedades inherentes de la transmisión del ruido en el medio marino que expusimos al inicio y a las características propias de algunas fuentes como el transporte marítimo, y considerando aún más la continua expansión de las actividades antropogénicas contaminantes en alta mar, resulta imperiosa la necesidad de procurar acordar un marco jurídico regulatorio de carácter internacional y vinculante sobre la diversidad de actividades antropogénicas que provocan, tanto voluntaria como incidentalmente, ruido en el medio marino.

3.2 Marco jurídico de la UE

En este apartado nos centraremos en la normativa de la Unión Europea que regula el ruido antropogénico submarino y su trascendencia en el ámbito penal.

La Unión Europea aborda la problemática en torno a la contaminación acústica marina a través de una serie de directivas relativas a esta cuestión y de decisiones que las modifican y/o complementan.

Antes de entrar en el análisis de las directivas, entre las primeras referencias a la temática que merece la pena destacar se encuentra la Resolución del Parlamento Europeo de 28 de octubre de 2004,[178] sobre los efectos medioambientales de los sonares navales activos de alta intensidad, a través de la cual el Parlamento declara que el ruido submarino es una forma de contaminación del entorno marino incluida en el ámbito de aplicación de UNCLOS, recordando que esta Convención establece que los Estados tomarán todas las medidas que sean necesarias para prevenir, reducir y controlar la contaminación del medio marino procedente de cualquier fuente. En este sentido, solicita a los Estados que restrinjan de inmediato el uso de sonares activos de alta intensidad en las aguas bajo su jurisdicción, y que investiguen de forma transparente las varadas y muertes masivas de mamíferos marinos en las aguas de la UE asociadas con el uso de ruidos intensos generados por el hombre.

DIRECTIVA 92/43/CEE DEL CONSEJO, DE 21 DE MAYO DE 1992, RELATIVA A LA CONSERVACIÓN DE LOS HÁBITATS NATURALES Y DE LA FAUNA Y FLORA SILVESTRES

La primera de las directivas relacionada con la contaminación acústica submarina es la Directiva 92/43/CEE relativa a la conservación de los hábitats naturales y de la fauna y flora silvestres (Directiva Hábitats).[179] La Directiva Hábitats (junto con la Directiva Aves) incorporó al derecho comunitario el Convenio de Naciones Unidas sobre la Di-

---

178 Resolución del Parlamento Europeo sobre los efectos medioambientales de los sonares navales activos de alta intensidad, de 28 de octubre de 2004 (DOUE C núm. 174 E/186, de 14 de julio de 2005).

179 Directiva 92/43/CEE del Consejo, de 21 de mayo de 1992, relativa a la conservación de los hábitats naturales y de la fauna y flora silvestres, *DO L206, 22.7.1992*

versidad Biológica y, el Convenio relativo a la Conservación de la Vida Silvestre y del Medio Natural en Europa, conocido como Convenio de Berna.[180]

Si bien la Directiva Hábitats no menciona específicamente el ruido, se puede inferir su aplicación indirectamente por cuanto incluye disposiciones para evitar daños y alteraciones, lo que definitivamente comprende el ruido.

Esta Directiva tiene por objeto contribuir a garantizar la biodiversidad mediante la conservación de los hábitats naturales y de la fauna y flora silvestres, enumerads en los anexos de la Directiva, procurando un estado de conservación favorable.

A tal efecto, se establece la creación de una red de sitios protegidos —Natura 2000— en toda la Unión Europea, incluyendo zonas especiales de protección para las cuales los Estados fijarán medidas de conservación necesarias que implicarán, en su caso, planes adecuados de gestión y las apropiadas medidas reglamentarias, administrativas o contractuales que respondan a las exigencias ecológicas de los tipos de hábitats naturales.

Respecto a estas zonas de especial conservación, el artículo 6 de la Directiva va más allá, disponiendo que los Estados tendrán la obligación de adoptar las medidas apropiadas para evitar el deterioro de los hábitats naturales y de los hábitats de especies, así como las alteraciones que repercutan en las especies que hayan motivado la designación de las zonas y que puedan afectar al buen estado de conservación perseguido por la Directiva. Con todo, la Directiva se limita a aludir a «medidas necesarias», sin hacer referencia expresa a sanciones, sean o no de naturaleza penal.

Es importante señalar que la Directiva establece la obligación de una adecuada evaluación ambiental ante cualquier plan o proyecto que pueda afectar de forma apreciable a los citados lugares, ya sea individualmente o en combinación con otros planes y proyectos.

A consecuencia de lo expuesto, consideramos preciso mencionar aquí la Directiva de Evaluación Ambiental Estratégica (SEA) y la Directiva de Evaluación de Impacto Ambiental (EIA),[181] que, a pesar de importantes diferencias, tienen como objetivo la protección de las especies y los hábitats de la perturbación, y funcionan sobre

---

180 Convenio de Naciones Unidas sobre la Diversidad Biológica (adoptado el 5 de junio de 1992, en vigor desde el 29 de diciembre de 1993) 1760 UNTS 79; Consejo de Europa: Convenio relativo a la Conservación de la Vida Silvestre y del Medio Natural en Europa (adoptado el 19 de septiembre de 1979, en vigor desde el 1 de junio de 1982) ETS No. 104.

181 Directiva 2001/42/CE del Parlamento Europeo y del Consejo, de 27 de junio de 2001, relativa a la evaluación ambiental de los efectos de determinados planes y programas en el medio ambiente. DO L 197 de 21/7/2001. Directiva 2011/92/UE del Parlamento Europeo y del Consejo, de 13 de diciembre de 2011, relativa a la evaluación de las repercusiones de determinados proyectos públicos y privados sobre el medio ambiente. OJ L 26, 28/1/2012. Directiva 2014/52/UE del Parlamento Europeo y del Consejo, de 16 de abril de 2014, por la que se modifica la Directiva 2011/92/UE, relativa a la evaluación de las repercusiones de determinados proyectos públicos y privados sobre el medio ambiente. OJ L 124, 25/4/2014.

la base de evaluar los impactos y riesgos ambientales de una actividad antes de que comience a operar.[182]

DIRECTIVA 2008/56/CE DEL PARLAMENTO EUROPEO Y DEL CONSEJO, DE 17 DE JUNIO DE 2008, POR LA QUE SE ESTABLECE UN MARCO DE ACCIÓN COMUNITARIA EN EL ÁMBITO DE LA POLÍTICA MEDIOAMBIENTAL MARINA (DIRECTIVA MARCO SOBRE LA ESTRATEGIA MARINA) (MSFD)[183]

La centralidad del abordaje de la contaminación acústica marina por parte de la normativa de la Unión Europea proviene fundamentalmente de la Directiva Marco sobre la Estrategia Marina aprobada en 2008, que tiene como fin la consecución de un buen estado ambiental (BEA), considerando explícitamente el ruido submarino como uno de los factores determinantes de este estado. En consecuencia, conforme a esta Directiva, los Estados miembros deben vigilar y, en última instancia, limitar la cantidad de ruido antropogénico en las aguas europeas.

El texto de la Directiva, en cuanto aquí interesa, comienza por definir el concepto de contaminación, dentro del cual menciona explícitamente el ruido. Así, el texto normativo expone que se entiende por «contaminación» la «introducción directa o indirecta en el medio marino, como consecuencia de la actividad humana, de sustancias o energías, incluidas las fuentes sonoras submarinas de origen humano, que provoquen o puedan provocar efectos nocivos [...]».

La Directiva tiene por objeto el establecimiento por parte de los Estados miembros de las medidas necesarias para lograr o mantener el buen estado ambiental del medio marino, fijando un límite temporal en el año 2020. Este buen estado ambiental de las aguas marinas es entendido como la existencia de océanos y mares ecológicamente diversos y dinámicos, limpios, sanos y productivos, cuyo uso sea sostenible.

La normativa, sin embargo, no alude a un régimen de sanciones frente a supuestos de incumplimiento en la consecución del buen estado ambiental o cualquier otro incumplimiento de sus disposiciones.

Para la determinación del buen estado ambiental en cada una de las zonas, requiere previamente que los Estados evalúen los ecosistemas marinos bajo su jurisdicción a partir de once descriptores que determinan el BEA.

Entre estos, el descriptor 11 establece la consideración del ruido, disponiendo que existirá un buen estado ambiental cuando «la introducción de energía, incluido el ruido subacuático, se sitúa en niveles que no afectan de manera adversa al medio marino».

---

182 RISCH, D., BELIN, A., ENTRUP, N., LEAPER, R., PANELLA, E., TAYLOR, B., WEILGART, L., WERNER, S. y ZIEBARTH, N. (2020). «Underwater Noise – The neglected threat to marine life», pág. 4.
183 Directiva 2008/56/CE del Parlamento Europeo y del Consejo, de 17 de junio de 2008, por la que se establece un marco de acción comunitaria para la política del medio marino (Directiva Marco sobre la Estrategia Marina). OJ L 164, 25/6/2008.

De esta manera, teniendo como objetivo la consecución del buen estado ambiental del medio marino, la Directiva insta a los Estados a la elaboración de estrategias marinas a fin de proteger y preservar el medio marino y evitar su deterioro. Las estrategias marinas procurarán la aplicación de un enfoque ecosistémico respecto de la gestión de las actividades humanas, garantizándose que la presión conjunta de dichas actividades se mantenga en niveles compatibles con la consecución de un buen estado medioambiental.

En 2010, a través de la Decisión de la Comisión sobre los criterios y las normas metodológicas aplicables al buen estado medioambiental de las aguas marinas, se definieron en mayor medida los criterios que los Estados miembros deberían utilizar para evaluar el grado de consecución del buen estado medioambiental, disponiendo para el descriptor 11 la necesidad de monitorear con más detalle el ruido submarino a partir de dos indicadores que considerar, según se trate de ruidos impulsivos (procedentes de estudios sísmicos, de explosiones o de la instalación de tablestacas para estaciones eólicas y plataformas) o de ruidos continuos (ocasionados por operaciones de dragado, por la navegación o por instalaciones energéticas).

En primer lugar, respecto de la distribución temporal y espacial de los ruidos impulsivos de alta, baja y media frecuencia, dispone que se deben observar los días y la distribución espacial en las que las fuentes sonoras antropogénicas superen niveles que puedan producir un significativo impacto en los animales marinos.

En segundo lugar, en cuanto al ruido continuo de baja frecuencia, señala que se debe considerar la evolución del nivel de ruido ambiental, medido por estaciones de observación o, en su caso, haciendo uso de algún modelo.

Posteriormente, en 2017 se aprueba la Decisión (UE) 2017/848 de la Comisión, de 17 de mayo de 2017, por la que se establecen los criterios y las normas metodológicas aplicables al buen estado medioambiental de las aguas marinas, así como especificaciones y métodos normalizados de seguimiento y evaluación, y por la que se deroga la Decisión 2010/477/UE.

A través de la Decisión (UE) 2017/848, se exige por primera vez que los Estados miembros establezcan valores umbral para los niveles de ruido submarino que no afecten negativamente al medio ambiente marino, conforme al descriptor 11 de buen estado ambiental.

El valor umbral constituye un valor o un rango de valores que permite evaluar el nivel de calidad logrado en relación con un determinado criterio, en este caso, la consecución del buen estado medioambiental. La normativa ordena asimismo que se adopte el principio de precaución y se utilicen los mejores datos científicos disponibles a la hora de establecer los valores umbral.

Esta nueva decisión revisa los criterios anteriores y dispone que, para el sonido impulsivo antropogénico en el agua, deberá considerarse que la distribución espacial, la extensión temporal y los niveles de las fuentes de sonido impulsivo antropogénico no superen los niveles que puedan afectar adversamente a las poblaciones de fauna marina. A tal fin, los Estados establecerán los valores umbral correspondientes a estos niveles mediante la cooperación a nivel de la Unión, atendiendo a las especificidades regionales o subregionales.

De igual manera, en cuanto al sonido continuo antropogénico de baja frecuencia, los Estados deberán fijar valores umbral para la distribución espacial, la extensión temporal y los niveles de sonido continuo antropogénico de baja frecuencia que no superan los niveles que pueden afectar adversamente a las poblaciones de animales marinos.

Como es sabido, el establecimiento de valores umbral puede tener trascendencia penal si estos terminan por configurarse como límites normativos de contaminación.

Recientemente, la Comisión publicó un informe sobre la aplicación de la Directiva Marco sobre la Estrategia Marina (Directiva 2008/56/CE)[184] que resume los principales logros y retos del primer ciclo de aplicación de dicha Directiva. En dicho informe se reconoce como aspecto positivo que esta Directiva sirvió de incentivo para el desarrollo de la investigación y los registros de ruido subacuático impulsivo.

Destaca el ruido antropogénico submarino como una de las principales presiones que afectan a los ecosistemas marinos; sin embargo, señala que los esfuerzos realizados hasta el momento a escala de la UE se encuentran en una fase inicial, centrados en identificar la distribución espacial y las fuentes del ruido subacuático como una primera medida para comprender mejor la posible exposición de los ecosistemas marinos a esta presión. En este sentido, se reconoce que existen aún grandes deficiencias de seguimiento y conocimiento sobre la materia.

En resumen, el informe sobre la aplicación de la Directiva Marco sobre la Estrategia Marina concluye que ninguno de los Estados miembros alcanzaría el objetivo de alcanzar el BEA para el descriptor 11 para 2020, ya que los avances hasta la publicación del informe no fueron lo suficientemente rápidos como para abarcar la totalidad de los descriptores —entre ellos, el ruido—, cosa que, como podemos observar hoy, es cierto.

Aunque hay algunas excepciones, como la disposición de valores umbral por parte de Alemania, los Países Bajos y Bélgica para evitar daños a las marsopas comunes debido al hincado de pilotes, actualmente no existen enfoques de gestión vinculantes basados en la fuente para reducir las emisiones de ruido submarino en los Estados miembros de la UE.[185]

---

184 Informe de la Comisión al Parlamento Europeo y al Consejo relativo a la aplicación de la Directiva Marco sobre la Estrategia Marina (Directiva 2008/56/CE). Bruselas, 25/6/2020. COM(2020) 259 final.
185 RISCH, D. *et al.* (2020). «Underwater Noise…». *Op. cit.*, pág. 4.

Esto es especialmente preocupante, sobre todo considerando, como ha alertado la Comisión en el mismo informe, que se prevé que la mayoría de las actividades humanas que provocan ruidos subacuáticos continuos e impulsivos aumenten en el futuro, lo que probablemente incremente también la presión del ruido subacuático.

DIRECTIVA 2014/89/UE DEL PARLAMENTO EUROPEO Y DEL CONSEJO, DE 23 DE JULIO DE 2014, POR LA QUE SE ESTABLECE UN MARCO PARA LA ORDENACIÓN DEL ESPACIO MARÍTIMO[186]

Por su parte, la Directiva 2014/89/UE, por la que se establece un marco para la ordenación del espacio marítimo, también merece ser mencionada en este contexto, ya que dispone la planificación espacial marítima como otro elemento más que tener en cuenta para garantizar el buen estado ambiental, procurando fomentar el crecimiento sostenible de las economías marítimas, el desarrollo sostenible de los espacios marinos y el aprovechamiento sostenible de los recursos marinos.

Entre los fundamentos de esta Directiva se reconocen las múltiples presiones que se ejercen sobre los recursos costeros, que requieren la adopción de un planteamiento integrado de planificación y gestión. Agrega además que en la ordenación del espacio marítimo debe aplicarse el enfoque ecosistémico con la finalidad de garantizar que la presión conjunta de todas las actividades se mantenga en niveles compatibles con la consecución de un buen estado medioambiental y que no se comprometa la capacidad de los ecosistemas marinos de responder a los cambios inducidos por el hombre.

A pesar de la obligación que establece la Directiva a los Estados de considerar aspectos ambientales en la disposición de planes de ordenación del espacio marítimo, la normativa no tiene trascendencia penal, ya que no hace referencia a posibles sanciones ante a su incumplimiento.

DIRECTIVA 2008/99/CE DEL PARLAMENTO EUROPEO Y DEL CONSEJO, DE 19 DE NOVIEMBRE DE 2008, RELATIVA A LA PROTECCIÓN DEL MEDIO AMBIENTE MEDIANTE EL DERECHO PENAL[187]

Atendiendo a lo expuesto hasta el momento en el presente apartado, vemos que los Estados miembros de la UE se encuentran obligados específicamente a regular el ruido antropogénico submarino, procurando evitar los efectos adversos sobre los ecosistemas marinos producto de la contaminación acústica marina.

En este contexto, es particularmente importante resaltar que se obliga a los Estados a establecer valores umbral de ruido submarino, así como a considerarlos en la

---

186 Directiva 2014/89/UE del Parlamento Europeo y del Consejo, de 23 de julio de 2014, por la que se establece un marco para la ordenación del espacio marítimo. DO L 257 de 28/8/2014.

187 Directiva 2008/99/CE del Parlamento Europeo y del Consejo, de 19 de noviembre de 2008, relativa a la protección del medio ambiente mediante el Derecho penal. DO L 328 de 6/12/2008.

planificación espacial marítima para la consecución del buen estado ambiental de los ecosistemas marinos.

Ahora bien, tras evidenciar el deber de los Estados en la regulación del ruido submarino, procederemos ahora a conocer la normativa de la UE de índole penal ambiental, para un posterior análisis sobre la consideración de la contaminación acústica marina como delito ambiental.

En este marco, toca el turno de analizar la Directiva 2008/99/CE, relativa a la protección del medio ambiente mediante el Derecho penal, que, con el objetivo de proteger con más eficacia el medio ambiente, establece la obligación de los Estados de adoptar medidas relacionadas con el derecho penal a tal efecto.[188]

A través de esta Directiva, se establece la obligación de los Estados de asegurar que ciertas conductas sean constitutivas de delito cuando sean ilícitas, ya se cometan dolosamente o, al menos, por imprudencia grave. Si bien no hay una referencia específica a la contaminación acústica marina, entre las conductas señala en particular «cualquier conducta que cause el deterioro significativo de un hábitat dentro de un área protegida».

Por otro lado, además, la norma explica que, a efectos de esta Directiva, la calificación de ilícita se otorga a la infracción de la legislación comunitaria citada en el anexo A del mismo texto (en el que figura la Directiva 92/43/CEE, relativa a la conservación de los hábitats naturales y de la fauna y flora silvestres, esto es, la ya tratada Directiva Hábitats), así como de una ley, un reglamento de un Estado miembro o una decisión adoptada por una autoridad competente de un Estado miembro que dé cumplimiento a la misma. La referencia, en los anexos de la Directiva 2008/99/CE, a la Directiva Hábitats es relevante a efectos de respuesta penal, pues, tal y como ya se ha señalado, en ambas directivas se hacía únicamente alusión a «medidas apropiadas o necesarias», sin referirse de forma expresa ni siquiera a sanciones. La Directiva 2008/99/CE tuvo por consiguiente un impacto directo en la criminalización del incumplimiento no ya solo de la Directiva Hábitats, sino también del Convenio sobre la Diversidad Biológica, en el que el mandato en cuanto a las sanciones era también particularmente débil.[189]

La Directiva insta a los Estados a que adopten las medidas necesarias para garantizar que estos delitos se castiguen con sanciones penales eficaces, proporcionadas y disuasorias, estableciendo además que se deberá garantizar que las personas jurídicas puedan ser consideradas responsables por los delitos a los que se hace referencia en los artículos 3 y 4, y sean también castigadas con sanciones efectivas, proporcionadas y disuasorias (si bien no necesariamente penales).

188 Directiva 2008/99/CE del Parlamento Europeo y del Consejo, de 19 de noviembre de 2008, relativa a la protección del medio ambiente mediante el Derecho penal. *DO L328, 6/12/2008.*

189 *Vid. un análisis en* Marquès-Banqué, M. (2021). «*Environmental Crime. Assessing and…*». *Op. cit.*, págs. 132-148.

Conforme a lo hasta aquí expuesto, entendemos que la emisión de ruido submarino, como elemento contaminante cuya gravedad de impactos adversos ha sido ya demostrada, puede ser encuadrada dentro de los márgenes de esta Directiva, por cuanto su emisión no regulada podría implicar un deterioro del hábitat natural de especies marinas, o una alteración significativa que repercuta en las especies que hayan motivado la designación de las zonas especiales de conservación, comprometiendo el mantenimiento de un buen estado de conservación protegido por la Directiva Hábitats. Esta emisión de ruido a su vez interfiere en la consecución de un buen estado ambiental perseguido por la Directiva Marco sobre la Estrategia Marina, cuya normativa procura una regulación y limitación a partir del establecimiento de valores umbral.

Consecuentemente, consideramos que la mención de esta Directiva es necesaria en este trabajo, ya que obliga a los Estados a aplicar el derecho penal como una herramienta o mecanismo para incrementar la eficacia de la protección del medio ambiente, haciendo referencia, entre las conductas graves que los Estados miembros deben considerar como delito, a «cualquier conducta que cause el deterioro significativo de un hábitat dentro de un área protegida», con especial referencia a la Directiva Hábitats que ya comentamos, dentro de lo cual entendemos que se encuentra justificada la persecución penal de la contaminación acústica submarina en áreas protegidas, que, con todas las implicaciones que ya abordamos, puede provocar un deterioro grave de los ecosistemas marinos, con especial afectación a especies marinas.

Así las cosas, es preciso aclarar que la Directiva 2008/99/CE se encuentra en un proceso de revisión, estando en trámite de aprobación la propuesta de una nueva directiva sobre la protección del medio ambiente a través del derecho penal, propuesta que se prevé que se apruebe en 2024.

Este es un evento interesante para destacar, puesto que de acuerdo con el documento «Propuesta de Directiva relativa a la protección del medio ambiente mediante el Derecho penal y por la que se sustituye la Directiva 2008/99/CE»[190], se incorporarían una serie de modificaciones que tendrían alcance sobre la hipótesis objeto de estudio. En primer lugar, se continúa considerando, entre las conductas constitutivas de delito, cualquier conducta que provoque el deterioro de un hábitat dentro de un espacio protegido" con mención expresa a la Directiva Hábitats. También son interesantes en el marco del presente trabajo la propuesta de sanciones adicionales como las multas; la exclusión temporal del acceso a la financiación pública, incluidos los procedimientos de licitación, subvenciones y concesiones; la inhabilitación temporal o permanente para el ejercicio de actividades empresariales; y, sobre todo, la retirada de los permisos

---

190 Propuesta de Directiva del Parlamento Europeo y del Consejo relativa a la protección del medio ambiente mediante el Derecho penal y por la que se sustituye la Directiva 2008/99/CE. Bruselas, 15.12.2021 COM(2021) 851 final 2021/0422 (COD)

y autorizaciones para el ejercicio de las actividades que hayan dado lugar a la comisión del delito.

Asimismo, cabe destacar la incorporación de un nuevo delito relativo a la ejecución de los proyectos en incumplimiento de la Directiva 2011/92/UE del Parlamento Europeo y del Consejo, esto es, proyectos que consistan en la construcción, obras o instalaciones en el medio natural, incluida la explotación de los recursos del suelo, que se lleven a cabo sin la correspondiente autorización de desarrollo o una evaluación de impacto ambiental y que causen o puedan causar daño sustancial al medio ambiente.

Esta incorporación del delito de ejecución de proyectos sin EIA es sin duda el aspecto más relevante de la revisión, al menos en el marco del presente trabajo, y lo encontramos sumamente apropiado y necesario, ya que de esta manera se refuerza el cumplimiento de la Directiva Hábitats, en igual sentido que mencionamos hace un momento, y del objetivo de la Directiva 2008/99 de incrementar la protección ambiental a través del derecho penal. También se promueve el cumplimiento de la Directiva 2011/92/UE (EIA), cuyo incumplimiento no tiene hasta el momento trascendencia penal directa.

En cuanto al mantenimiento del delito consistente en el deterioro significativo de un hábitat dentro de un espacio protegido, sin embargo, entendemos que se estaría desperdiciando la oportunidad de elevar el grado de protección del medio ambiente en general, ya que se sostiene la limitación de la protección ambiental a espacios protegidos, cuando debiera perseguirse el buen estado ambiental de los ecosistemas en general e impedir cualquier deterioro significativo no solo en áreas protegidas, sobre todo atendiendo especialmente a este tipo de contaminación acústica, que en el medio marino puede propagarse a grandes distancias y que no reconoce ni se detiene ante limitaciones difusas como las dispuestas para las AMP.

3.3 La contaminación acústica marina en el Código Penal español

En este apartado analizaremos el abordaje administrativo existente en el derecho interno español en la medida en que reconocemos la accesoriedad del derecho penal al ámbito administrativo, debido principalmente a que, como veremos, las normas relativas a los delitos ecológicos aquí tratados son normas penales en blanco que requieren una regulación administrativa para que se pueda recurrir a ellas.

Así las cosas, trataremos en este punto las normas vigentes en el derecho español que hacen referencia al ruido antropogénico submarino, para conocer así los márgenes regulatorios existentes y analizar luego, una vez contextualizada normativamente la contaminación acústica marina, en qué medida podemos actualmente recurrir a la vía penal para abordar el ruido submarino.

3.3.1 Consideraciones previas: la regulación administrativa de la contaminación acústica marina

El ruido antropogénico es un contaminante regulado por leyes en España. La legislación nacional relacionada con el ruido subacuático está formada por las siguientes normas: Ley 37/2003, de 17 de noviembre, del Ruido; Ley 42/2007, de 13 de diciembre, del Patrimonio Natural y de la Biodiversidad; Ley 41/2010, de 29 de diciembre, de Protección del Medio Marino, y Ley 21/2013, de 9 de diciembre, de Evaluación Ambiental.

Procederemos primeramente a conocer las diferentes regulaciones citadas en cuanto tiene que ver con la incidencia del ruido submarino y luego analizaremos la cuestión penal al respecto.

Ley 37/2003, de 17 de noviembre, del Ruido[191]

La primera normativa a la que nos referimos en el ámbito de la legislación aplicable relacionada con el ruido es la llamada Ley del Ruido, aprobada en 2003.

Esta ley, si bien no regula específicamente el ruido submarino antropogénico, tiene ciertos aspectos sumamente interesantes que abordar en este ámbito.

En este sentido, la norma establece como objeto el prevenir, vigilar y reducir la contaminación acústica para evitar o reducir los daños que de esta pueden derivarse para la salud humana, los bienes o el medio ambiente. En su artículo tercero define la contaminación acústica como la «presencia en el ambiente de ruidos o vibraciones, cualquiera que sea el emisor acústico que los origine, que implique molestias, riesgo o daño para las personas, para el desarrollo de sus actividades o para los bienes de cualquier naturaleza o que causen efectos significativos sobre el medio ambiente».

La Ley continúa definiendo diferentes tipos de áreas acústicas, entre las cuales menciona, en el punto g) del artículo 4, la zona de protección acústica especial, que comprende los espacios naturales que requieren una especial protección contra la contaminación acústica.

Se destaca también el establecimiento a través de la normativa de la necesidad de contar con índices acústicos homogéneos y valores límite de inmisión y emisión para ciertas actividades mencionadas en el artículo 12, cuya determinación corresponde al Gobierno, que, además, conforme reza el texto normativo, «podrá establecer valores límite aplicables a otras actividades, comportamientos y productos no contemplados en el apartado anterior».

---

191 Ley 37/2003, de 17 de noviembre, del Ruido. *Boletín Oficial del Estado, 18 de noviembre de 2003, núm. 276.* BOE-A-2003-20976.

Otro de los elementos que cabe resaltar de esta Ley es el mandato de adopción de las medidas adecuadas de prevención de la contaminación acústica, cuya aplicación al medio marino sería notable. Dispone también la creación de reservas de sonidos de origen natural, esto es, determinadas zonas en las que la contaminación acústica producida por la actividad humana no perturbe dichos sonidos.

Finalmente, nos interesa destacar la determinación de infracciones, diferenciando entre aquellas muy graves, graves y leves, y las correspondientes sanciones aplicables según sea el caso.

Entre las infracciones muy graves menciona la producción de contaminación acústica por encima de los valores límite establecidos en zonas de protección acústica especial y en zonas de situación acústica especial; la superación de los valores límite que sean aplicables, cuando se haya producido un daño o deterioro grave para el medio ambiente o se haya puesto en peligro grave la seguridad o la salud de las personas; y el incumplimiento de las condiciones establecidas en materia de contaminación acústica, en la autorización ambiental integrada, en la autorización o aprobación del proyecto sometido a evaluación de impacto ambiental, en la licencia de actividades clasificadas o en otras figuras de intervención administrativa, cuando se haya producido un daño o deterioro grave para el medio ambiente o se haya puesto en peligro grave la seguridad o la salud de las personas.

Así las cosas, podemos observar que la norma declara abiertamente entre sus objetivos la protección del medio ambiente frente a la contaminación acústica. Este aspecto es interesante y ha sido resaltado por la doctrina por cuanto ha superado ampliamente el ámbito de aplicación de la Directiva que le sirvió de base (Directiva 2002/49, sobre evaluación y gestión del ruido ambiental).

Si bien esta norma no se aplica al medio marino, «nada parece impedir que la misma se pueda utilizar como base jurídica para desarrollar un reglamento específico sobre el ruido submarino»,[192] por lo que su mención en este trabajo es indispensable.

Consideramos que sería muy apropiado tomar los aspectos mencionados como base para una eventual regulación de la contaminación acústica en el medio marino adaptada a las características de este medio. Como señala Morelle Hungría, si bien la normativa española no regula específicamente el ruido en el mar, «la administración pública podría determinar los requisitos de límites acústicos dentro del medio marino cuando esté justificado, por ejemplo, por la presencia de especies protegidas suficientemente cerca de la fuente del ruido, o áreas marinas protegidas».[193]

---

192 Ministerio de Agricultura, Alimentación y Medio Ambiente (2012). «Documento técnico sobre impactos y mitigación…». *Op. cit.*, pág. 11.

193 Morelle Hungría, E. (2020). «Comprendiendo el desarrollo jurídico y retos de la contaminación acústica subacuática en España y Noruega». *Actualidad Jurídica Ambiental*, 107, pág. 10. ISSN-e 1989-5666.

Ley 42/2007, de 13 de diciembre, del Patrimonio Natural y de la Biodiversidad[194]

Otra normativa relevante para el presente estudio es la Ley 42/2007, de 13 de diciembre, del Patrimonio Natural y de la Biodiversidad, que establece importantes medidas específicas de protección.

Así, esta ley tiene por objeto establecer el régimen jurídico básico de la conservación, uso sostenible, mejora y restauración del patrimonio natural y de la biodiversidad, como parte del deber de conservar y del derecho a disfrutar de un medio ambiente adecuado para el desarrollo de la persona. Entre los principios que rigen esta normativa, resaltamos especialmente el principio de precaución frente a las intervenciones que puedan afectar a espacios naturales o especies silvestres.

A tal fin, dispone la creación de una serie de instrumentos de planificación para la protección y conservación de ecosistemas, como el Inventario Español del Patrimonio Natural y de la Biodiversidad, el Plan Estratégico Estatal del Patrimonio Natural y de la Biodiversidad, la Estrategia Estatal de Infraestructura Verde y de la Conectividad y Restauración Ecológicas, y planes de ordenación de los recursos naturales.

Dispone además la clasificación de espacios naturales protegidos conforme a los bienes y valores que proteger y a los objetivos de gestión que cumplir, estableciendo expresamente por primera vez el concepto de áreas marinas protegidas (AMP) como una nueva categoría de espacio natural protegido pensada exclusivamente para proteger las áreas marinas que, en razón de su rareza, fragilidad, importancia o singularidad, merecen una protección especial. En este sentido, se aprobarán planes o instrumentos de gestión que establezcan al menos las medidas de conservación necesarias y las limitaciones de explotación de los recursos naturales que procedan para cada caso.

Ahora bien, con relación específicamente al ruido submarino, este texto normativo lo menciona al tratar la conservación de la biodiversidad *in situ*, cuando establece la obligación de las administraciones competentes de adoptar las medidas necesarias para garantizar la conservación de la biodiversidad que vive en estado silvestre, procurando la preservación de sus hábitats y estableciendo regímenes específicos de protección para aquellas especies silvestres cuya situación sea crítica.

En particular, reconoce el ruido submarino como una de las principales amenazas para la biodiversidad marina, a la cual da especial prioridad debido al potencial que el ruido tiene de afectar a un gran número de especies incluidas en el Catálogo Español de Especies Amenazadas.

Por último, resaltamos como un aspecto importante de esta ley la disposición de infracciones y consecuentes sanciones frente a casos de incumplimientos con relación a lo dispuesto en el texto normativo.

194 Ley 42/2007, de 13 de diciembre, del Patrimonio Natural y de la Biodiversidad. *Boletín Oficial del Estado, 14 de diciembre de 2007, núm. 299.* BOE-A-2007-21490.

Ley 41/2010, de 29 de diciembre, de Protección del Medio Marino[195]

En cuanto al ámbito normativo español referido a la problemática que tratamos, destaca como eje central la Ley 41/2010, de 29 de diciembre, de Protección del Medio Marino, que incorpora al ordenamiento jurídico español los mecanismos de ordenación del medio marino que fija la Directiva Marco sobre la Estrategia Marina.

En general, la Ley 41/2010 merece ser destacada debido a su atención a criterios holísticos[196] y a la celebrada incorporación de una serie de institutos y conceptos sumamente atractivos, como las estrategias marinas, la meta del buen estado ambiental, la disposición de la Red de Áreas Marinas Protegidas y la regulación de los vertidos frente a la contaminación del medio marino.

En este sentido, la Ley reconoce el ruido submarino como una de las presiones de origen antropogénico a la que están sometidos los mares y océanos, y menciona especialmente el ruido submarino dentro de los vertidos antropogénicos al medio marino que pueden afectar al buen estado ambiental de este. Asimismo, señala que, para que exista un buen estado ambiental, el ruido submarino no debe superar la resiliencia del medio ni tampoco debe generar efectos de contaminación.

De igual modo que la Directiva 2008/56, dispone el descriptor 11 —referido a la introducción de ruido subacuático, el cual no debe producirse a niveles que afecten de manera adversa al medio marino— como uno de los descriptores para determinar el buen estado ambiental del medio marino.

Como dijimos, a través de esta ley se traspone la Directiva 2008/56/CE, y así, en el mismo sentido que la Directiva, establece un marco jurídicamente vinculante para la ordenación y gestión de todo el espacio marítimo español a través de la regulación de las estrategias marinas, que se caracterizan como instrumento esencial de la planificación del medio marino.

Mediante las estrategias se crea un marco general que usa la planificación para coordinar los diferentes sectores y actividades que utilizan como soporte físico el mar. Dispone a tal efecto la mención de cinco demarcaciones territoriales, que darán lugar a la formación de las respectivas estrategias: noratlántica, sudatlántica, del Estrecho y Alborán, levantino-balear y canaria.

En consecuencia, a fin de lograr el buen estado ambiental del medio marino se elaborará un programa de medidas para cada demarcación marina, el cual definirá las normas aplicables a las actividades con incidencia sobre el medio marino, las directrices sobre los usos del medio marino, los proyectos de actuación, las restricciones geográfi-

---

195 Ley 41/2010, de 29 de diciembre, de Protección del Medio Marino. *Boletín Oficial del Estado*, 30 de diciembre de 2010, *núm. 317. BOE-A-2010-20050.*

196 Morelle Hungría, E. (2019). «Comentarios al Real Decreto 1365/2018, de 2 de noviembre, por el que se aprueban las estrategias marinas». *Actualidad Jurídica Ambiental*, 88, Sección «Comentarios de legislación», pág. 2. ISSN: 1989-5666 NIPO: 693-19-001-2.

cas o temporales de usos, las medidas de control y reducción de la contaminación, etc., entre las cuales debe estar la regulación del ruido submarino como vertido antropogénico con potencial contaminante que es.

Por otro lado, la Ley cuenta con otro importante instrumento que merece ser destacado, como es la regulación de la Red de Áreas Marinas Protegidas, dispuesta en el articulado del título III. Esta red estará constituida por espacios protegidos situados en el medio marino español, representativos del patrimonio natural marino, con independencia de que su declaración y gestión estén reguladas por normas internacionales, comunitarias, estatales o autonómicas.

La Red de Áreas Marinas Protegidas constituye un conjunto de sitios dedicados a la conservación marina, representativos e interconectados, que se gestionan como un conjunto a partir de la elaboración del Plan Director de la Red de Áreas Marinas Protegidas de España. Está orientada fundamentalmente a cumplir objetivos ecológicos y sociales definidos previamente, con un enfoque ecosistémico. Así, el establecimiento de una red de AMP aporta una serie de ventajas, como garantizar la constitución de corredores ecológicos que permiten una mayor capacidad de adaptación a los cambios ambientales y son una importante herramienta contra el cambio climático para el ecosistema marino, ya que favorecen una mayor resiliencia del sistema y la movilidad de especies migratorias.

A través del Real Decreto 1056/2022, de 27 de diciembre, por el que se aprueba el Plan Director de la Red de Áreas Marinas Protegidas de España y los criterios mínimos comunes de gestión coordinada y coherente de la Red.[197]

Este real decreto aprueba el primer Plan Director, que tendrá una vigencia máxima de diez años (prorrogándose su aplicación mientras no sea aprobado otro plan que lo sustituya). Dispone los objetivos de la Red de Áreas Marinas Protegidas de España (RAMPE), dirigidos a la conservación y recuperación del patrimonio natural y la biodiversidad marina, y establece los criterios mínimos de gestión aplicables a las áreas marinas protegidas incluidas en la RAMPE.

En cuanto aquí interesa, en el desarrollo del objetivo operativo OP1.2 —referente a contribuir al estado de conservación favorable de las especies, hábitats y ecosistemas presentes en los espacios marinos protegidos de la Red—, establece que dicha contribución deberá llevarse a cabo conforme con los parámetros y los descriptores establecidos por las directivas europeas sobre naturaleza y sobre estrategia marina (recordamos la presencia del descriptor 11, relativo a ruido submarino). A su vez, la norma establece la identificación de prioridades de actuación en materia de conservación de la biodiversidad que deberán ser abordadas a un mayor nivel de detalle, entre

---

197 Real Decreto 1056/2022, de 27 de diciembre, por el que se aprueba el Plan Director de la Red de Áreas Marinas Protegidas de España y los criterios mínimos comunes de gestión coordinada y coherente de la Red. *Boletín Oficial del Estado*, 30 de diciembre de 2022, núm. 313.

las cuales menciona explícitamente la contaminación acústica, aunque sin entrar en detalles ni regular al respecto.

Ahora bien, es con el Real Decreto 1365/2018, de 2 de noviembre, por el que se aprueban las estrategias marinas,[198] que se culmina el proceso de transposición de la Directiva Marco, ya que a través de este reglamento se aprueban definitivamente las cinco estrategias marinas de España, y se establece la planificación en la aplicación de estas estrategias como elemento esencial en la ordenación marítima, con un perfil ecosistémico y adaptativo a cada una de las demarcaciones marinas establecidas.

En el marco del establecimiento de las estrategias marinas, se dispusieron numerosas medidas, dentro de las cuales en referencia al ruido submarino solo se estableció, como medida de sensibilización y divulgación sobre la problemática de las basuras marinas, la «regulación sobre criterios para los proyectos generadores de ruido submarino y para la elaboración de los estudios de impacto ambiental (EsIA) de estos proyectos», la cual se aplicará a todas las demarcaciones marinas.

Una de las últimas actualizaciones en la temática que debemos mencionar es el Real Decreto 150/2023,[199] de 28 de febrero, por el que se aprueban los planes de ordenación del espacio marítimo de las cinco demarcaciones marinas españolas, conforme a lo fijado por el Real Decreto 363/2017, de 8 de abril, por el que se establece un marco para la ordenación del espacio marítimo, que traspuso al derecho interno español la Directiva 2014/89/UE.

Los planes de ordenación del espacio marino (POEM) son un instrumento de planificación del medio marino, parte de las estrategias marinas, que de acuerdo con el texto legal deberán renovarse cada seis años. A través de estos POEM se establece, para cada una de las cinco demarcaciones marinas, la ordenación del espacio marítimo, incluyendo disposiciones de ordenación y criterios mínimos comunes aplicables a todos los usos, actividades y procesos. Asimismo, se identifican un conjunto de zonas prioritarias para cada uso, actividad o proceso, y se disponen zonas de alto potencial para algunas de estas.

En este contexto, dispone criterios mínimos comunes para el desarrollo de planes, proyectos y actividades que se realicen en espacios marinos protegidos, los cuales deberán garantizar que no supondrán el deterioro de especies y hábitats, ni producirán alteraciones que repercutan en los valores naturales.

Particularmente, en esta normativa la alusión al ruido submarino está relacionada sobre todo con las actividades del sector energético de hidrocarburos, energías renovables marinas, navegación, actividad portuaria, y turismo y actividades recreativas. Para todas estas actividades, identifica como objetivo ambiental de la ordenación

198 Real Decreto 1365/2018, de 2 de noviembre, por el que se aprueban las estrategias marinas. *Boletín Oficial del Estado, 19 de noviembre de 2018, núm. 279, páginas 112104 a 112115. BOE-A-2018-15734.*

199 Real Decreto 150/2023, de 28 de febrero, por el que se aprueban los planes de ordenación del espacio marítimo de las cinco demarcaciones marinas españolas. *Boletín Oficial del Estado, 4 de marzo de 2023, núm. 54.*

del espacio marítimo el «desarrollar o apoyar medidas de prevención y/o mitigación de impactos por ruido ambiente y ruido impulsivo».

Así, respecto de la ordenación de usos y actividades dentro de las zonas de alto potencial para la energía eólica marina, se ordena específicamente realizar estudios sobre la fauna que puede verse potencialmente afectada por la emisión de ruidos de la instalación, el análisis de los efectos acumulativos y sinérgicos de otros proyectos eólicos marinos próximos —así como de proyectos de diferente tipología susceptibles de generar afectaciones negativas en el medio, incluida la biodiversidad—, y estudios acústicos previos a la instalación de un parque eólico marino, cuando este se esté construyendo y durante su funcionamiento para hacer un seguimiento continuo de la evolución del ruido en las zonas afectadas por el parque y alimentar una potencial base de datos del ruido.

Otro aspecto interesante de este texto legal es la mención de los impactos acumulativos y la necesidad de evaluarlos y considerarlos, procurando un análisis espacial de las presiones acumuladas derivadas de la concentración de ciertos usos y actividades en una zona concreta.

Por otro lado, en cuanto a los ejercicios navales militares, dispone que el Ministerio de Defensa deberá tomar en consideración las zonas de uso prioritario para la protección de la biodiversidad, así como las zonas de alto potencial por su valor para cetáceos, a la hora de realizar las prácticas de ejercicios militares submarinos o de superficie, procurando limitar el impacto producido por el ruido submarino a estas especies.

Cabe agregar finalmente que actualmente se encuentra en proceso de aprobación el proyecto de Real Decreto por el que se aprueban las estrategias marinas de segundo ciclo Con este proyecto se aprueban, conforme a lo fijado en el artículo 15 de la Ley 41/2010, las estrategias marinas para el segundo ciclo 2018-2024, incorporando el programa de medidas que se deben establecer.

El programa de medidas del segundo ciclo incluye la continuación de medidas del primer ciclo que se consideran aún vigentes o que aún no han sido implementadas en su totalidad, así como nuevas medidas propuestas para cubrir las lagunas identificadas entre las actuaciones que están en marcha actualmente y procurar así la consecución de los objetivos ambientales y el buen estado ambiental.

Entre las nuevas medidas del segundo ciclo, resaltamos especialmente las correspondientes a la consecución del buen estado ambiental en relación al descriptor 11 de ruido submarino, entre otras:

+ RS02. Puesta a punto del registro nacional de actividades generadoras de ruido impulsivo.

+ RS03. Establecimiento de una red de colaboración de instituciones que realicen monitorización de ruido submarino a través de la instalación de equipos acústicos pasivos.

◆   RS04. Ejecución de proyectos piloto para la mitigación del ruido submarino.

Si bien en los últimos años se ha avanzado en la regulación y se han aprobado una serie de textos legales regulatorios sobre la temática que se encontraban pendientes de sanción, lo cierto es que aún falta el abordaje de ciertos aspectos centrales, como, en particular, la disposición de umbrales de ruido submarino o la concreción de mecanismos de gestión y control eficaces respecto de las áreas marinas protegidas.

LEY 21/2013, DE 9 DE DICIEMBRE, DE EVALUACIÓN AMBIENTAL[200]

Por otro lado, cabe mencionar también la Ley 21/2013, de 9 de diciembre, de Evaluación Ambiental (LEA), la cual tiene por objeto establecer las bases para una adecuada evaluación ambiental de los planes, programas y proyectos con efectos significativos sobre el medio ambiente, con el fin de alcanzar un alto nivel de protección ambiental.

En este sentido, insta a la adopción de medidas que permitan prevenir, corregir y, en su caso, compensar los efectos adversos de las diferentes actividades sobre el medio ambiente, procurando la integración de los aspectos medioambientales en el desarrollo de planes, programas y proyectos. El texto normativo añade además el establecimiento de las medidas de vigilancia, seguimiento y sanción que resulten necesarias para cumplir con estos fines.

En consecuencia, dispone dos procedimientos —evaluación ambiental estratégica y evaluación de impacto ambiental— cuya tramitación debe realizarse de manera previa a la aprobación del plan, programa o proyecto, dependiendo del caso que se trate.

En cuanto al procedimiento de evaluación de impacto ambiental ordinaria, para la formulación de la declaración de impacto ambiental se requiere específicamente, como contenido del estudio de impacto ambiental, la descripción de los tipos, cantidades y composición de los residuos, vertidos, emisiones o cualquier otro elemento, entre los que se encuentra comprendido el ruido.

De todos modos, es cierto que, a pesar de que el Estado está obligado a regular el ruido submarino que se introduce en el medio marino, debido a que constituye un contaminante que provoca efectos adversos en el ecosistema, la normativa actualmente existente en «España no contempla niveles ni valores umbrales cuantitativos de ruido antropogénico submarino» como criterios de evaluación de impactos.[201]

Es más, como bien señala Morelle Hungría, «no fue hasta 2010 que se incorporó la primera norma de protección marina con un alcance holístico e integral y, una década después, aún no se han implementado mecanismos más allá de los promovidos

---

200 Ley 21/2013, de 9 de diciembre, de Evaluación Ambiental. *Boletín Oficial del Estado, 11 de diciembre de 2013, núm. 296. BOE-A-2013-12913.*

201 MORELLE HUNGRÍA, E. (2020). «Comprendiendo el desarrollo jurídico y...». *Op. cit.*, pág. 17.

MERCHANT, N.D. *et al.* (2016). «Underwater noise levels in UK waters». *Sci. Rep.*, 6, 36942, pág. 13. DOI: 10.1038/ srep36942.

por otras normas que abordan el ruido submarino de manera secundaria, como quizás a través de procedimientos de evaluación ambiental y estudios de impacto ambiental en las actividades a analizar».[202]

Reconocemos que esta circunstancia puede deberse a ciertas dificultades en la determinación de valores umbral a causa de la complejidad intrínseca de la regulación del aspecto acústico en el medio marino, a lo que se suma la dificultad a la hora de determinar mediciones y monitoreo, fundamentalmente por la ausencia de valores de referencia. Si bien se han propuesto varios niveles de umbral para daños y perturbaciones para la exposición aguda al ruido, la incertidumbre sobre los efectos del ruido a escala del ecosistema limita la capacidad de formular umbrales absolutos para niveles de ruido ecológicamente sostenibles.[203]

Por otro lado, esta situación es bastante común entre los Estados. Aunque algunos han establecido protocolos o directrices para minimizar los efectos adversos del ruido submarino generado por ciertas actividades, solo se han localizado umbrales cuantitativos de ruido subacuático como criterios de evaluación de impactos en unos pocos casos.[204] Así, por ejemplo, Alemania, Países Bajos y Bélgica han adoptado umbrales de ruido para evitar daños a las marsopas comunes debido al hincado de pilotes. Pero, aparte de estos, actualmente no existen enfoques de gestión vinculantes basados en la fuente para reducir las emisiones de ruido submarino en los Estados miembros de la UE.[205]

Sin embargo, consideramos que actualmente existen estudios y herramientas suficientes para proceder a la determinación de valores umbral que permitan una regulación específica en la materia. Esta determinación del criterio correspondiente al ruido submarino y sus valores límite y la consecuente planificación marítima que permita a las administraciones tomar decisiones objetivamente son esenciales si queremos lograr ese pretendido buen estado ambiental del medio marino. Estos valores límite serían entonces necesarios para incrementar de forma eficiente y eficaz las medidas de control integrado del ruido en el mar.[206]

Más aún, conforme al principio de precaución, es desconcertarte que, con toda la evidencia científica e investigaciones que constatan la peligrosidad del ruido submarino para la fauna y el ecosistema marino en general, no contemos con regulaciones mínimas que nos permitan abordar la problemática con eficacia. La consideración de este factor en la determinación de las áreas marinas protegidas, reconocidas como zo-

202 MORELLE HUNGRÍA, E. (2020). «Comprendiendo el desarrollo jurídico y...». *Op. cit.*, pág.17.
203 MERCHANT, N.D. *et al.* (2016). «Underwater noise levels in UK...». *Op. cit.*, pág. 6.
204 REDONDO, L. y RUIZ MATEO, A. (2017). «Ruido subacuático: fundamentos, fuentes, cálculo...». *Op. cit.* pág. 93.
205 RISCH, D. *et al.* (2020). «Underwater Noise...». *Op. cit.*, pág. 7.
206 MORELLE HUNGRÍA, E. (2021). «El ruido en el mar: ¿es necesario abordarlo desde el principio de precaución?». Bioderecho.es (12), pág. 9.

nas que requieren especial protección, debería ser hoy una prioridad, al menos respecto de actividades especialmente contaminantes.

REAL DECRETO 699/2018, DE 29 DE JUNIO, POR EL QUE SE DECLARA ÁREA MARINA PROTEGIDA EL CORREDOR DE MIGRACIÓN DE CETÁCEOS DEL MEDITERRÁNEO[207]

Como última, pero no por ello menos importante, muestra de nuestra recopilación de normas de protección ambiental aprobadas en el Estado español, debemos destacar el Real Decreto 699/2018, de 29 de junio, por el que se declara Área Marina Protegida el Corredor de migración de cetáceos del Mediterráneo, se aprueba un régimen de protección preventiva y se propone su inclusión en la Lista de Zonas Especialmente Protegidas de Importancia para el Mediterráneo (Lista ZEPIM) en el marco del Convenio de Barcelona.

Esta normativa es de sumo interés en nuestro estudio puesto que aprueba el Corredor de migración de cetáceos del Mediterráneo, cuya declaración se funda principalmente en la toma de medidas para la protección efectiva frente el ruido marino.

Así, la norma reconoce entre sus argumentos la importancia y singularidad de esta zona marina para especies pelágicas de cetáceos y tortugas, y recalca la conveniencia de su protección mediante la figura de ZEPIM y la inclusión de las especies de cetáceos y tortugas marinas que utilizan las aguas de este corredor en el Listado de Especies Silvestres en Régimen de Protección Especial, catalogadas algunas de ellas como vulnerables. En cuanto al ruido, reconoce que los efectos adversos sobre los cetáceos que se asocian al ruido submarino son la interferencia en la comunicación y la cohesión social, la interrupción de actividades vitales como la alimentación, la reproducción o la migración, el abandono de hábitats esenciales, cambios en los patrones de natación y buceo, el impedimento para la detección de predadores o de otros peligros (presencia de embarcaciones o de artes de pesca, etc.), y la desorientación y los varamientos masivos.

En consecuencia, con el objeto de proteger a estas especies frente al ruido antropogénico submarino, el Real Decreto dispone la creación del corredor y establece un régimen de protección preventiva a través de una serie de medidas por las que prohíbe en el área la actividad extractiva de hidrocarburos (salvo permisos en vigor) y el uso de sistemas activos destinados a la investigación geológica subterránea, tanto por medio de sondas, aire comprimido o explosiones controladas como por medio de perforación subterránea (salvo permisos en vigor). Ante infracciones de esta regulación, se remite al

---

207 Real Decreto 699/2018, de 29 de junio, por el que se declara Área Marina Protegida el Corredor de migración de cetáceos del Mediterráneo, se aprueba un régimen de protección preventiva y se propone su inclusión en la Lista de Zonas Especialmente Protegidas de Importancia para el Mediterráneo (Lista ZEPIM) en el marco del Convenio de Barcelona. *Boletín Oficial del Estado*, 30 de junio de 2018, núm. 158, páginas 65703 a 65709. BOE-A-2018-9034.

régimen sancionador de la Ley 42/2007 del Patrimonio Natural y de la Biodiversidad, y al de la Ley 41/2010 de Protección del Medio Marino.

Se encuentra pendiente de aprobación el plan de gestión (ha concluido recientemente el proceso de consulta pública previa sobre el proyecto de norma para la elaboración de los planes de gestión), cuya elaboración tiene un plazo máximo de tres años a contar desde el momento en que este espacio marino sea incluido en la Lista ZEPIM del Convenio de Barcelona. Hasta ese momento tendrán vigencia las medidas comentadas.

3.3.2 Delitos aplicables

Ahora debemos detenernos en el estudio del punto focal de nuestro trabajo, el cual consiste, como ya adelantamos, en dilucidar si podemos encontrar en el derecho penal una herramienta útil para la protección del medio marino frente a la contaminación acústica marina. Con esta pretensión por delante analizaremos dos artículos del Código Penal español que a nuestro entender son aplicables. En primer lugar, el artículo 325, que regula el delito ecológico de contaminación, y, en segundo lugar, el artículo 334, que tipifica el delito contra la fauna protegida.

De esta manera, tras conocer la redacción actual de los artículos, el bien jurídico protegido y su configuración como norma penal en blanco, nos plantearemos si, de existir esa debida regulación administrativa que reclamamos sobre el ruido antropogénico submarino y el establecimiento de valores umbral, frente a supuestos de incumplimiento de estas regulaciones (como se recoge en la Ley del Ruido), sería posible recurrir a estos artículos como mecanismo para otorgar mayor eficacia a la protección del medio ambiente.

Cabe aclarar que, si bien nos proponemos un abordaje penal de la contaminación acústica marina y nos planteamos el recurso al delito ambiental como una herramienta penal para incrementar los sistemas de protección jurídicos del medio ambiente, lo hacemos siendo conscientes de los diferentes cuestionamientos que tiene el recurso al derecho penal en el ámbito ambiental, de los riesgos existentes de un abuso de las herramientas penales en este sentido, de la dificultad de observar los principios de lesividad, intervención mínima y proporcionalidad en los delitos ambientales, y de que quizás no es el mecanismo más apropiado para procurar lograr una protección ambiental más efectiva.

Artículo 325 del Código Penal español

Llegados a este punto, nos detenemos en el análisis de un posible abordaje penal de la problemática de la contaminación acústica marina a partir del encuadre jurídico de esta conducta en el artículo 325 del Código Penal español.

En el capítulo III del Código Penal español, referido a los delitos contra los recursos naturales y el medio ambiente, encontramos el denominado delito ecológico en el artículo 325, que regula como tipo básico el acto de contaminación ilegal que cause o pueda causar daños sustanciales a la calidad del aire, del suelo o de las aguas, o a animales o plantas, disponiendo dos tipos agravados en el segundo apartado cuando estas conductas afecten además al equilibrio de los sistemas naturales o a la salud de las personas.

Específicamente, el artículo 325 CP dice lo siguiente:

1. Será castigado con las penas de prisión de seis meses a dos años, multa de diez a catorce meses e inhabilitación especial para profesión u oficio por tiempo de uno a dos años el que, contraviniendo las leyes u otras disposiciones de carácter general protectoras del medio ambiente, provoque o realice directa o indirectamente emisiones, vertidos, radiaciones, extracciones o excavaciones, aterramientos, ruidos, vibraciones, inyecciones o depósitos, en la atmósfera, el suelo, el subsuelo o las aguas terrestres, subterráneas o marítimas, incluido el alta mar, con incidencia incluso en los espacios transfronterizos, así como las captaciones de aguas que, por sí mismos o conjuntamente con otros, cause o pueda causar daños sustanciales a la calidad del aire, del suelo o de las aguas, o a animales o plantas.

2. Si las anteriores conductas, por sí mismas o conjuntamente con otras, pudieran perjudicar gravemente el equilibrio de los sistemas naturales, se impondrá una pena de prisión de dos a cinco años, multa de ocho a veinticuatro meses e inhabilitación especial para profesión u oficio por tiempo de uno a tres años.

   Si se hubiera creado un riesgo de grave perjuicio para la salud de las personas, se impondrá la pena de prisión en su mitad superior, pudiéndose llegar hasta la superior en grado.

Este artículo ha sido objeto de numerosas discusiones doctrinales y jurisprudenciales, y, en particular, su aplicación respecto de la contaminación acústica ha estado siempre vinculada a una visión fundamentalmente antropocéntrica y en ámbitos urbanos. Sin embargo, no nos detendremos en los profundos cuestionamientos que este artículo merece debido a que ello excede los márgenes de nuestro trabajo. En cambio, realizaremos un análisis específico con relación a su posible aplicación al medio ambiente marino.

En primer lugar, cabe comentar que el bien jurídico protegido por este artículo es esencialmente la protección del medio ambiente, que comprende la calidad del aire, del suelo o de las aguas, y a animales o plantas.

El artículo regula la conducta de contaminación ilegal causada por diferentes factores, entre los cuales menciona el ruido, porque abarca específicamente la contaminación acústica cuando esta cause o pueda causar daños sustanciales a la calidad del aire, del suelo o de las aguas, o a animales o plantas. Estamos frente a un tipo penal que comprende tanto la modalidad lesiva como la de peligro hipotético, de modo que deberá exigirse un juicio de idoneidad *ex ante* de la conducta para poder causar un daño sustancial a los recursos naturales, el cual consideramos que se encuentra ya fundado por los argumentos expuestos en los primeros capítulos.

Hasta aquí podemos ver que la problemática de la contaminación acústica marina estaría definitivamente comprendida en este primer tipo básico, por cuanto hemos debidamente fundado cómo y de qué manera el ruido submarino afecta negativamente a la fauna marina, con numerosas especies que se encuentran en una particular situación crítica de amenaza.

Sin embargo, para que la conducta sea penalmente relevante, se requiere la contravención *de leyes u otras disposiciones de carácter general protectoras del medio ambiente*, esto es, que exista el incumplimiento de una normativa administrativa relativa a la emisión de ruidos en el medio marino. Como indica Jericó Ojer, será necesario que la emisión de ruidos contravenga la normativa administrativa, siendo admisible, a criterio de la autora, la remisión a las disposiciones contenidas en la Ley del Ruido.[208]

Como vemos, en este caso se trata de una norma penal en blanco que remite a lo dispuesto en otra norma para completar la conducta típicamente relevante, lo que significa que «el injusto típico deberá ser complementado con la normativa administrativa protectora del medio ambiente a nivel europeo, estatal, autonómico o local».[209]

Ahora bien, el hecho de que se trate de una norma penal en blanco tiene como consecuencia que el derecho penal no puede ser un instrumento útil hasta que el tema no se haya regulado debidamente en el ámbito administrativo.[210] Para el caso, se hace depender directamente la existencia del tipo a una previa regulación administrativa de la protección del medio ambiente marino frente a la contaminación acústica.

Y aquí reside nuestro principal problema. Como aclaramos en el apartado anterior, actualmente no existe en España ninguna norma legal que establezca umbrales cuantitativos de ruido subacuático ni disponga regulaciones específicas y vinculantes en este sentido.

No obstante, es preciso considerar lo dispuesto en el Real Decreto 2018/699, por el que se declara Área Marina Protegida el Corredor de migración de cetáceos del Mediterráneo, que establece prohibiciones administrativas frente a ciertas actividades, como el uso del sonares y las actividades sísmicas, y que dispone, en caso de incumplimiento de estas medidas, la aplicación de un régimen sancionador.

Teniendo en cuenta esta disposición, encontramos que sería viable y procedente la aplicación del delito ecológico ante estos casos de incumplimiento del Real Decreto, ya que se estaría afectando a un área marina protegida, hábitat de especies protegi-

---

208 Jericó Ojer, Leticia (2016). «Análisis de la relevancia penal de la contaminación acústica en ámbitos urbanos tras la reforma de los delitos contra el medio ambiente (LO 1/2015, de 30 de marzo)». *Revista Electrónica de Ciencia Penal y Criminología* (en línea), núm. 18-12, pág. 26.

209 *Ibidem*, pág. 15.

210 Marquès-Banqué, Maria (2018). «Protección penal del medio ambiente en la Unión Europea. Luces y sombras». En: P.M. de la Cuesta Aguado et al. (coord.). *Liber amicorum: estudios jurídicos en homenaje al profesor doctor Juan M.ª Terradillos Basoco*. Valencia: Tirant lo Blanch, pág. 5. de la Cuesta Aguado.

das, por lo que también estaría fundada en otras normativas ambientales como la Ley 42/2007 del Patrimonio Natural y de la Biodiversidad, y la Ley 41/2010 de Protección del Medio Marino.

De todos modos, queda pendiente la aprobación del plan de gestión de esta AMP, por lo que habrá que ver cómo evoluciona la regulación del ruido en este sentido. Asimismo, la falta de regulación sobre la contaminación acústica marina y la consecuente ausencia de disposición de valores de emisión límite en el ámbito administrativo constituyen hoy los principales factores limitantes para recurrir al artículo de delito ecológico en materia de protección ambiental para estos casos.

Considerando los diferentes argumentos hasta aquí expuestos, entendemos que es absolutamente necesario proceder a una regulación específica del ruido submarino, especialmente en el marco de las áreas marinas protegidas, disponiendo valores umbral de emisiones, con el objeto de lograr un buen estado ambiental en el medio marino.

En particular, en España sería sumamente interesante utilizar la Ley del Ruido como base jurídica para llevar a cabo esa debida regulación sobre el ruido submarino antropogénico en aguas bajo jurisdicción española, haciéndose eco de lo requerido por la Ley 42/2007 del Patrimonio Natural y de la Biodiversidad, que, en pos de garantizar la conservación de la biodiversidad silvestre, ordena la gestión efectiva del ruido submarino —reconocido como una de las principales amenazas para la biodiversidad marina—, y cumpliendo lo requerido por la Ley 41/2010 de Protección del Medio Marino, que dispone la consideración del ruido como vertido antropogénico y, en consecuencia, como uno de los criterios a tener en cuenta para la determinación del buen estado ambiental del medio marino, exigiendo su regulación.

Nuestra intención es hacer notar la imperiosa necesidad de cumplir las obligaciones vigentes de regulación en este ámbito, y entendemos que, si el Estado estableciera los valores umbral —a lo que está obligado por ley—, sería entonces viable aplicar el artículo 325 ante casos de incumplimiento de estos valores en áreas marinas protegidas.

Queda por considerar en este apartado la procedencia del tipo agravado de este delito ecológico cuando se afecte al equilibrio de los sistemas naturales. Sostenemos que sería asimismo procedente la aplicación de este tipo agravado para los casos de especial gravedad en los que así corresponda, una vez que se subsane el obstáculo de la ausencia de regulación.

Artículo 334 del Código Penal español

Continuando con el análisis, examinaremos ahora el artículo 334. Este artículo establece, en cuanto aquí interesa, la sanción penal a quien, contraviniendo las leyes u otras disposiciones de carácter general, destruya o altere gravemente el hábitat de especies protegidas de fauna silvestre.

El artículo establece explícitamente lo siguiente:

1. Será castigado con la pena de prisión de seis meses a dos años o multa de ocho a veinticuatro meses y, en todo caso, inhabilitación especial para profesión u oficio e inhabilitación especial para el ejercicio del derecho de cazar o pescar por tiempo de dos a cuatro años quien, contraviniendo las leyes u otras disposiciones de carácter general.

    a) cace, pesque, adquiera, posea o destruya especies protegidas de fauna silvestre;

    b) trafique con ellas, sus partes o derivados de las mismas; o,

    c) realice actividades que impidan o dificulten su reproducción o migración.

    La misma pena se impondrá a quien, contraviniendo las leyes u otras disposiciones de carácter general, destruya o altere gravemente su hábitat.

2. La pena se impondrá en su mitad superior si se trata de especies o subespecies catalogadas en peligro de extinción.

3. Si los hechos se hubieran cometido por imprudencia grave, se impondrá una pena de prisión de tres meses a un año o multa de cuatro a ocho meses y, en todo caso, inhabilitación especial para profesión u oficio e inhabilitación especial para el ejercicio del derecho de cazar o pescar por tiempo de tres meses a dos años.

El artículo tipifica el delito contra la fauna protegida y regula una serie de conductas que afectan a la supervivencia y conservación de la fauna silvestre protegida, entre las que se menciona específicamente aquellas que impliquen la alteración grave o destrucción del hábitat de especies protegidas. Nos centraremos en el abordaje de esta última modalidad delictiva, ya que entendemos que la contaminación acústica marina, con las implicaciones que ya hemos contextualizado, puede ser encuadrada como fenómeno que puede justamente alterar gravemente el hábitat de especies marinas protegidas.

Este artículo viene a condensar lo dispuesto por la Directiva Hábitats y la Directiva 2008/99/CE, relativa a la protección del medio ambiente mediante el Derecho penal, que, como ya comentamos, establece el mandato de sancionar penalmente aquellas conductas que causen deterioro significativo de un hábitat dentro de un área protegida, si bien el artículo 334 no se refiere a área protegida, sino a especies protegidas.

Como ya mencionamos, entendemos que el delito relativo a la alteración o destrucción de hábitats de especies protegidas es aplicable ante casos de contaminación acústica marina, ya que sostenemos que la emisión de ruido submarino, como elemento contaminante, puede ser encuadrada dentro del tipo penal del artículo, por cuanto su emisión no regulada podría implicar un deterioro del hábitat natural de especies marinas protegidas.

Ahora bien, en cuanto a la redacción de este artículo, hay una serie de cuestiones que es preciso señalar.

En primer lugar, el bien jurídico protegido a través del presente tipo delictivo es la «fauna silvestre protegida». Este aspecto fue modificado con la reforma del Código Penal Ley Orgánica 1/2015, cuya anterior redacción hacía referencia a la «fauna amenazada». Dicha reforma ha sido profundamente criticada por cuanto, según se alega, se llevó a cabo «sin tomar en consideración el contenido precedente de dicho precepto y el resto de nuestro ordenamiento jurídico», y debido a que el concepto de especie protegida al que ahora se alude comprende, conforme al derecho español, «especies, subespecies y poblaciones que sean merecedoras de una atención y protección particular en función de su valor científico, ecológico, cultural, por su singularidad, rareza o grado de amenaza, así como aquellas que figuren como protegidas en los anexos de las Directivas y los convenios internacionales ratificados por España», lo cual implica una «imprecisión del objeto material» y puede significar «un escenario de realización de las conductas típicas sobre un conjunto de muchos ejemplares de especies protegidas, pero irrelevantes para el estado de conservación de biodiversidad, que deberían sustraerse del ámbito del Derecho penal».[211]

En segundo lugar, otro aspecto que cabe resaltar de este artículo, igual que sucedía con el 325, es que estamos ante una norma penal en blanco, ya que, como vemos, el elemento normativo del artículo se refiere a la contravención de «leyes u otras disposiciones de carácter general». De esta manera, para la realización del tipo penal se requiere el incumplimiento de la normativa administrativa de protección ambiental, que específicamente para el caso de la contaminación acústica marina, sería la regulación del ruido submarino con la consecuente disposición de umbrales definidos para evitar el deterioro de los ecosistemas marinos.

El ruido submarino, como vimos, tiene la potencialidad de afectar severamente al ecosistema marino, perjudicando gravemente a la fauna marina, dentro de la cual muchas especies están protegidas, por lo cual el tipo básico se vería ampliamente respetado. Sin embargo, del mismo modo que sucede con el artículo 325, dependemos aquí de la previa y eficaz regulación del ruido submarino, con la que actualmente no contamos.

En este punto, de nuevo resulta necesario considerar lo dispuesto en el Real Decreto 2018/699 por el que se declara Área Marina Protegida el Corredor de migración de cetáceos del Mediterráneo. Teniendo en cuenta esta norma, encontramos que sería viable y procedente la aplicación del artículo 334, que sanciona la conducta de alteración o destrucción de hábitats de especies protegidas ante casos de incumplimiento del Real Decreto, ya que se estaría afectando a un área marina protegida, hábitat de especies protegidas, por lo que también estaría fundada en otras normativas ambientales

---

211 Matallín Evangelio, A. (2021). «El art. 332 CP: el concepto de especie protegida y otras cuestiones de legalidad y ofensividad». *Revista General de Derecho Penal*, 36. ISSN-e 1698-1189, pág. 44.

como la Ley 42/2007 del Patrimonio Natural y de la Biodiversidad, y la Ley 41/2010 de Protección del Medio Marino.

Finalmente, reconocemos que dejamos fuera de nuestro análisis ciertos argumentos referidos a la cuestión probatoria de este tipo de delitos y la dificultad de constatar en la práctica la configuración de este delito específicamente de contaminación acústica marina, debido fundamentalmente a la «complejidad técnica» a la hora de demostrar las afectaciones acústicas. No obstante, es un análisis que puede postergarse, fundamentalmente porque es una temática en continua evolución que dependerá de la regulación que se establezca.[212]

---

212 Morelle Hungría, E. (2018). «El ruido en el mar como amenaza de la conservación de la biodiversidad y su concepción como delito ambiental». Universidad de Alicante. CONAMA, pág. 11.

4. Reflexiones finales y perspectivas de futuro

Tras haber evidenciado la gravedad de la problemática de la contaminación acústica marina, la severidad de los impactos que genera —sobre todo atendiendo a la expansión del ruido submarino— y la ausencia de marcos regulatorios eficaces tanto a nivel internacional como de la UE y nacional —y, en particular, en el ámbito penal—, en este último capítulo expondremos algunas reflexiones finales sobre lo que consideramos que son los principales desafíos a abordar.

En primer lugar, recordamos que, en virtud de la UNCLOS como instrumento jurídico vinculante que enmarca la problemática de contaminación del medio marino, los Estados están obligados a tomar todas las medidas necesarias para prevenir, reducir y controlar la contaminación del medio marino.

En cumplimiento de esta normativa, resulta imperiosa la necesidad por parte del Estado de proceder a una regulación efectiva del ruido submarino como elemento contaminante, aún más considerando también la obligación específica de establecer valores umbral para el ruido antropogénico submarino que dispuso la Directiva Marco sobre la Estrategia Marina de la UE.

Dentro del derecho español, encontramos que el derecho penal constituye una herramienta viable para incrementar la protección ambiental. Las reformas introducidas en el Código Penal español por la Ley Orgánica 5/2010, de 22 de junio, y la Ley Orgánica 1/2015, de 30 de marzo, han recepcionado afortunadamente —aun con las críticas que estas puedan merecer, pero que quedan fuera del objeto del presente texto— la Directiva 2008/99/CE, relativa a la protección del medio ambiente mediante el Derecho penal. En consecuencia, a partir del delito ecológico de contaminación que sanciona penalmente al que provoque o realice ruidos que causen o puedan causar daños sustanciales a la calidad de las aguas recogido en el artículo 325 del Código Penal, así como del delito contra la fauna protegida que sanciona penalmente aquellas conductas que causen deterioro significativo de un hábitat dentro de un área protegida contenido en el artículo 334, podría incrementarse la protección ambiental pretendida por la Directiva, especialmente, en cuanto aquí interesa, respecto de los episodios de contaminación acústica submarina en áreas marinas protegidas cuando estos se den en incumplimiento de la normativa regulatoria.

Sin embargo, hoy por hoy lamentamos la imposibilidad de recurrir a estos mecanismos de protección ambiental a causa fundamentalmente de la carencia de una adecuada normativa administrativa de protección ambiental y la consecuente regulación específica del ruido submarino, aun en áreas marinas protegidas (AMP), ya que no contamos en la actualidad con el debido establecimiento de valores umbral. Como ya adelantamos, al menos en relación con el Real Decreto 2018/699, debemos esperar a que se establezca el correspondiente plan de gestión.

De modo que, de cumplirse la obligación que pesa sobre el Estado de regular efectivamente el ruido submarino y, consecuentemente, de existir esta (debida) regulación administrativa de protección ambiental, ante supuestos de contaminación provocados por la emisión de ruido submarino en incumplimiento de esta, encontramos que sería procedente la aplicación de los artículos 325 y 334 del Código Penal español.

Por ello, concluimos nuestro análisis considerando probado el objeto de este, por cuanto resulta potencialmente viable el recurso al derecho penal como herramienta de protección ambiental frente al ruido submarino, al menos dentro de las áreas marinas protegidas de momento, aunque habrá que esperar al desarrollo de una adecuada regulación administrativa, con el establecimiento y la eficaz gestión de áreas marinas protegidas.

En cuanto a la investigación científica para poder proceder a una debida regulación de la contaminación acústica marina y su persecución penal, uno de los desafíos más urgentes es la determinación de valores umbral de referencia que sirvan a los Estados como base científica para determinar el marco normativo y de gestión tanto de las AMP como de la regulación de las diversas actividades que generan ruido submarino de manera integral. Para esto es preciso determinar también valores acústicos de referencia a fin de evaluar las fluctuaciones normales del paisaje sonoro, a partir de las cuales se pueden deducir cambios y tendencias en el futuro.[213]

Además, aunque muchas de las actividades generadoras de sonido están sujetas a procedimientos de autorización reglamentarios, esto es, evaluaciones de impacto ambiental, la mayoría aún no aborda debidamente el impacto del ruido submarino. La gestión del impacto del sonido en los océanos debe implicar la definición de umbrales de respuesta apropiados o criterios de exposición al sonido para la perturbación. Sin

---

213 Pieretti, N. y Danovaro, R. (2020). «Acoustic indexes for marine biodiversity trends and ecosystem health». *Phil. Trans. R. Soc. B*, 375: 20190447. Pág. 5.

embargo, actualmente aún falta mucha información en la determinación de estos valores, puesto que solo hay umbrales de audición conductual para un pequeño número de especies de peces y para casi ningún invertebrado, e incluso solo se consideran en términos de presión sonora, sin tener en cuenta aquellos organismos sensibles al movimiento de partículas.[214]

Una gestión eficaz del ruido submarino con el fin de evitar los efectos adversos de la contaminación acústica marina requiere la definición y el establecimiento de valores umbral para definir objetivos vinculantes de reducción, lo que debe combinarse con estrategias de gestión que impidan cualquier aumento generalizado del ruido submarino, teniendo en cuenta además las incertidumbres actuales sobre los impactos en las especies sensibles y el ecosistema en general,[215] con un enfoque precautorio.

En este camino, sin embargo, están teniendo lugar ciertos avances para determinar tales valores. Así, en 2011, en el ámbito de la Unión Europea se creó un grupo técnico sobre ruido submarino (TG Noise) para dirigir y asesorar a los Estados miembros sobre la implementación operativa del descriptor 11 de la MSFD, establecimiento de valores umbral para garantizar que los niveles de ruido antropogénico no superen los niveles que afecten negativamente a las poblaciones de animales marinos. Actualmente, TG Noise se está enfocando en las evaluaciones de los impactos del ruido y el desarrollo de umbrales en relación con los indicadores desarrollados en el marco de la MSFD.[216]

Hemos podido saber, a partir de lo expuesto en el presente texto, que la planificación espacial e integrada del océano constituye un elemento esencial para la protección del medio marino y un uso sostenible de este.

En este sentido, entendemos que los instrumentos de ordenación del espacio marino, así como la identificación de áreas de importancia biológica y la consecuente designación de áreas marinas protegidas, son instrumentos que deben pulirse para que su implementación sea realmente eficaz.

Según se ha constatado, la gran mayoría de las áreas marinas protegidas designadas hasta el momento no tienen una gestión eficaz ni se monitorizan debidamente, y en particular, en cuanto aquí concierne, las regulaciones actuales de las AMP no brindan protección contra la contaminación acústica.[217]

Según el estudio, de modo alarmante, las AMP son normalmente centros importantes de turismo debido a la alta calidad de su medio ambiente y paisaje, a la gran diversidad de hábitats y a la riqueza de especies.[218] Esto es producto principalmente

214 HAWKINS, A. D. y POPPER, A. N. (2017). «A sound approach to assessing the impact of underwater noise on marine fishes and invertebrates». *ICES Journal of Marine Science*, 74: 635-651, pág. 647.
215 RISCH, D. *et al.* (2020). «Underwater Noise…». *Op. cit.*, pág. 8.
216 HARDING, S. y COUSINS, N. (2022). *Review of the Impacts of Anthropogenic Underwater Noise… Op. cit.*, pág. 117.
217 LA MANNA, G.; PICCIULIN, M.; CROBU, A.; PERRETTI, F.; RONCHETTI, F.; MANGHI, M.; RUIU, A. y CECCHERELLI, G. (2021). «Marine soundscape and fish biophony of a Mediterranean marine protected area». Pág. 3.
218 *Ibidem.*

de la falta de regulaciones y control, lo que ha dado lugar a la calificación de las AMP como «parques de papel» debido a que cuentan con «regulaciones muy débiles, con tal falta de aplicación o implicación comunitaria que, aunque exista una reserva marina, no se cumple ningún objetivo».[219]

Por el contrario, el ruido submarino debe ser gestionado, limitado y monitoreado en las AMP, debiendo estas áreas proporcionar una protección eficaz contra el ruido en el océano.

En este contexto, celebramos la creación del Corredor de Migración de Cetáceos del Mediterráneo como área marina protegida cuyo objeto es proteger de los efectos asociados al ruido submarino a la gran diversidad de especies de cetáceos y tortugas marinas que usan la zona como paso migratorio hacia sus áreas de cría y alimentación en el norte del Mediterráneo.

Cabe destacar que la zona comprendida en la AMP, aunque sea finalmente objeto de protección, no está exenta de amenazas. Así, el informe «Resumen de los puntos críticos de ruido en el área ACCOBAMS – Parte I, Mar Mediterráneo», encargado por la Secretaría del Acuerdo sobre la Conservación de los Cetáceos del Mar Negro, Mar Mediterráneo y la Zona Atlántica Contigua (ACCOBAMS), catalogó ciertas zonas comprendidas en la AMP como «puntos críticos de ruido».[220]

Además, en las zonas aledañas a la AMP no rigen las prohibiciones del Real Decreto 2018/699, y existen proyectos que pueden igualmente tener impacto dentro del área protegida (ya hemos visto que el ruido viaja a grandes distancias en el agua, especialmente a bajas frecuencias). Asimismo, a los proyectos ya en vigor no les afecta la regulación del Corredor, de cuya aplicación se encuentran exentos, de modo que siguen en funcionamiento.

Por otro lado, el transporte marítimo no se encuentra regulado por el Real Decreto, a pesar de que el Corredor está expuesto a un intenso tráfico de embarcaciones, incluidos buques de carga, transbordadores de pasajeros entre la península y las islas Baleares, y barcos de pesca y de recreo. De hecho, el tráfico de pasajeros entre varios puertos de la península (Barcelona, Valencia, Denia) y las islas Baleares (Palma y Alcudia en Mallorca; Mahón y Ciudadela en Menorca; Ibiza y Formentera) es especialmente intenso, sobre todo en temporada. Según ACCOBAMS, el entorno de las islas Baleares y las principales rutas marítimas que se extienden desde Ibiza, Mallorca y Menorca hacia el golfo de León, Valencia y Alicante constituyen una de las zonas de

---

219 GIBBENS, S. (26 de septiembre de 2019). «Gran parte de las áreas marinas protegidas son "parques de papel"». *National Geographic*. Recuperado de: <https://www.nationalgeographic.es/medio-ambiente/2019/09/gran-parte-areas-marinas-protegidas-son-parques-de-papel>

220 Para más información sobre los puntos críticos de ruido en el mar Mediterráneo, recomendamos la lectura del informe citado que describe y cuantifica las diferentes fuentes de emisión de ruido submarino que afectan al Mediterráneo. Maglio, A. *et al.* (2016). «Overview of the noise hotspots in the ACCOBAMS area…». *Op. cit.*

mayor riesgo de interacción entre el transporte marítimo (en especial las líneas de ferry rápido) y las ballenas.[221]

El ruido continuo dentro del área de la AMP no se encuentra regulado, pero, como este espacio cumple todos los requisitos para ser declarado área marítima particularmente sensible (PSSA) de la OMI, podrían establecerse ciertas regulaciones como la ordenación de tráfico marítimo y la disposición de zonas de evitación o precaución.

Atendiendo a lo dicho hasta el momento, esperamos la aprobación del plan de gestión del CMC, expectantes de que se aborde de manera adecuada e integral la problemática del ruido submarino, especificando los reclamados valores umbral dentro de la AMP, estableciendo zonas de amortiguamiento alrededor del área protegida como medida para evitar el impacto del ruido producido por fuentes que se encuentren fuera de la AMP, y procurando un debido control de los niveles acústicos dentro del área.

Como explica Jericó Ojer respecto a la contaminación acústica terrestre, pero que consideramos oportuno citar aquí, serán absolutamente relevantes «las mediciones acústicas para comprobar el nivel de ruido. Los procedimientos de medición del nivel de ruido se constituirán así como un elemento definidor de la superación del límite permitido administrativamente».[222]

Por otro lado, reclamamos también la adopción de medidas dentro del plan de gestión de las áreas marinas protegidas respecto del ruido continuo, y en particular sobre el transporte marítimo, a través de la adopción de acciones de manejo apropiadas, tales como la imposición de un número limitado de embarcaciones permitidas para entrar en la AMP, la reducción de la velocidad de navegación de las embarcaciones, la modulación del acceso a áreas importantes debido a la presencia de especies que se alimentan o se reproducen, y la prohibición de la navegación durante periodos de vulnerabilidad de las especies, entre otras.[223]

Culminando estas reflexiones sobre las áreas marinas protegidas, queremos resaltar, siguiendo las ideas de De Haro, que «en combinación con otras herramientas de manejo integrado, siempre que sean gestionadas con eficiencia, constituyen una de las herramientas espaciales más potentes para un manejo responsable de las actividades humanas en el mar, manteniendo la estructura y funcionalidad de los ecosistemas, asegurando la integridad ecológica y el sostenimiento de hábitats costeros y marinos sanos y resilientes para beneficio de la biodiversidad y las personas».[224]

---

221 Maglio, A. *et al.* (2016). «Overview of the noise hotspots in the ACCOBAMS area…». *Op. cit.* OceanCare (2021). «Quiet Waters for Whales and Dolphins…». *Op. cit.*, pág. 23.

222 Jericó Ojer, Leticia (2016). «Análisis de la relevancia penal…». *Op. cit.*, pág. 27.

223 La Manna, G. *et al.* (2021). «Marine soundscape and…». *Op. cit.*, pág. 3.

224 De Haro, J.C.; Perez Orsi, H.; Cané, S.; Di Pangracio, A.; Falabella, V. y Sapoznikow, A. (2022). *Informe colaborativo sobre el estado de situación… Op. cit.*, pág. 37.

Un factor elemental que considerar también en la gestión adecuada y eficaz del ruido en las AMP será la extensión de estas. Deben ser lo suficientemente extensas debido a las distancias a las que se propaga el sonido en el entorno marino, especialmente a frecuencias más bajas.[225] Por este mismo motivo, debe tenerse en cuenta también la disposición de zonas de amortiguamiento del ruido alrededor de las áreas protegidas establecidas para garantizar que los niveles de ruido en el interior no se eleven más allá de los niveles aceptables.[226] Además, será fundamental abordar el espectro de los impactos acumulativos (de la exposición al ruido y otras presiones) a través de una evaluación y gestión adecuadas del impacto acumulativo.[227]

Ahora bien, el camino a un adecuado abordaje y regulación del ruido submarino antropogénico no se agota en regulaciones nacionales. Debido a que el sonido viaja ampliamente a través de las cuencas oceánicas y las fuentes de ruido antropogénico se encuentran en todo el mundo,[228] la contaminación acústica marina constituye una problemática esencialmente transfronteriza que exige una adecuada coordinación regional e internacional para proteger los recursos de la vida marina y los ecosistemas.

Como se destaca en el marco de Naciones Unidas, «la cooperación y la coordinación internacionales son componentes esenciales de las gestiones para abordar el ruido antropogénico submarino y sus efectos, en particular en vista de los posibles efectos transfronterizos».[229] A esto se suma el hecho de que tanto el transporte marítimo como otras fuentes generadoras de ruido submarino (como la industria de hidrocarburos y la minería en fondos marinos) que se expanden hacia alta mar afectan a cada vez más áreas marinas fuera de las jurisdicciones nacionales.

Ante estas circunstancias, «es probable que la cooperación internacional sea la única forma de evitar una tragedia de los bienes comunes en alta mar».[230] En consecuencia, merece la pena detenernos en la mención del actual proceso que se está llevando a cabo en las Naciones Unidas de conferencias intergubernamentales con el objeto de lograr un instrumento internacional jurídicamente vinculante, en el marco de la Convención de las Naciones Unidas sobre el Derecho del Mar, relativo a la conservación y el uso sostenible de la diversidad biológica marina de las zonas situadas fuera de la jurisdicción nacional.

El 19 de junio de 2023, en la sede de las Naciones Unidas en Nueva York (Estados Unidos) se celebró la conferencia intergubernamental sobre un instrumento internacional jurídicamente vinculante, en el marco de la Convención de las Naciones Unidas sobre el Derecho del Mar, relativo a la conservación y el uso sostenible de la

---

225 WRIGHT, A.J. (2014). «Reducing Impacts of Human Ocean Noise…». *Op. cit.*, pág. 56
226 *Ibidem.*
227 *Ibidem.*
228 ŠIROVIĆ, A. *et al.* (2021). «Chapter 20: Trends in inputs of anthropogenic…». *Op. cit.*, pág. 313.
229 NACIONES UNIDAS (2018). «Océanos y derecho…». *Op. cit.*, pág. 20.
230 WRIGHT, A.J. (2014). «Reducing Impacts of Human Ocean Noise…». *Op. cit.*, pág. 8.

diversidad biológica marina de las zonas situadas fuera de la jurisdicción nacional. En ella se logró finalmente, después de años de negociaciones, el acuerdo internacional sobre el texto del Tratado Global de los Océanos, aunque queda pendiente aún su ratificación formal por parte de los Estados y la creación de las correspondientes instituciones. Se abrió a la firma el 20 de septiembre y entrará en vigor tras su ratificación por sesenta Estados.

El texto acordado aborda diversos aspectos fundamentales para los océanos, principalmente sobre alta mar, regulando cuestiones como los recursos genéticos marinos —incluida la distribución justa y equitativa de los beneficios—, los mecanismos de gestión basados en zonas geográficas —incluidas las áreas marinas protegidas—, o las evaluaciones de impacto ambiental, aspectos sumamente interesantes, algunos de los cuales es oportuno resaltar en este punto.

Si bien en líneas generales no trata en particular sobre el ruido submarino de origen antropogénico, si se refiere a la contaminación de los océanos y a la obligación de prevenir, reducir y controlar la contaminación del medio marino, así como de evaluar, prevenir, mitigar o gestionar los impactos potenciales sobre el medio ambiente marino de las actividades que se realicen en aguas nacionales o fuera de la jurisdicción nacional. Además, en el marco de las evaluaciones de impacto ambiental, señala especialmente la consideración de los impactos acumulativos, los cuales se incluirán en las evaluaciones de impacto ambiental que se realizarán de conformidad con el Tratado, así como la disposición de los impactos acumulativos como criterios indicativos para la identificación de áreas.

Sin duda, uno de los puntos más importantes del texto consiste en el establecimiento de una estructura inicial para poder proteger el alta mar, a partir de la cual se podrá pensar la creación de áreas marinas protegidas, con el objetivo de conservar y utilizar de manera sostenible las áreas que requieren protección mediante el establecimiento de un sistema integral de herramientas de gestión basadas en áreas, con redes de áreas marinas protegidas ecológicamente representativas y bien conectadas. Estas bases darán lugar al cumplimiento del Marco Mundial de Biodiversidad de Kunming-Montreal (acuerdo 30x30), que compromete a los países a proteger y conservar al menos el 30 % de los océanos y a garantizar la restauración del 30 % de las zonas degradadas para 2030.

Por otro lado, el acuerdo establece la obligación de realizar estudios de impacto ambiental cuando se determine que una actividad puede causar una contaminación sustancial o cambios significativos y perjudiciales en el medio ambiente marino.

Uno de los principales puntos de desacuerdo que demoraron las negociaciones versó sobre los recursos genéticos y la distribución justa de los beneficios económicos de los recursos genéticos. Otro de los puntos de conflicto fue sin duda la cuestión del financiamiento para la implementación del Tratado.

Aunque todavía quedan pendientes cuestiones que resolver, se espera que el acuerdo sea formalmente adoptado por los Estados y entre en vigor prontamente.

Por último, entre las perspectivas de futuro no podemos dejar de mencionar con ilusión el ya comentado proceso de revisión que se está llevando a cabo de la Directiva 2008/99/CE, relativa a la protección del medio ambiente mediante el Derecho penal. Como dijimos ya, la importancia de esta revisión es particularmente alentadora debido fundamentalmente a la trascendencia penal que podría llegar a tener la incorporación del nuevo delito que sanciona la ejecución de proyectos sin la correspondiente evaluación de impacto ambiental cuando, conforme a la Directiva 2011/92/UE, estos debieran tenerla.

De esta manera, la aprobación de esta revisión consolidará la protección ambiental pretendida por la Directiva 2011/92, así como también fortalecerá el cumplimiento de la Directiva Hábitats, que establece la obligación de una adecuada evaluación ambiental ante cualquier plan o proyecto que pueda afectar de forma considerable a las zonas de especial conservación que regula, reforzando el cumplimiento de las evaluaciones de impacto ambiental para proyectos que realmente tienen el potencial de causar severos daños ambientales, aspecto de suma importancia y efectos positivos en cuanto a la protección del medio marino frente a la contaminación acústica que tratamos.

Estos últimos avances normativos en proceso que comentamos son sumamente esperanzadores (aunque es preciso hacer notar la dificultad existente a la hora de hacer efectiva su aprobación), ya que se trata en ambos casos de disposiciones con efecto vinculante para los Estados que significan ciertamente un paso adelante en la regulación de actividades que tienen una gran incidencia negativa sobre el medio ambiente, especialmente sobre el medio marino, y que avanzan en la regulación y limitación del ruido submarino.

En un contexto como el actual, donde las actividades antropogénicas que generan contaminación acústica en el medio marino se encuentran en constante expansión, la adopción de normativas vinculantes que establezcan marcos regulatorios eficaces para las actividades antropogénicas contaminantes en pos de la protección del medio ambiente son el camino a seguir para lograr una economía oceánica sostenible.

5. Bibliografía

Aguilar de Soto, N. y Y. Kigh, C. (2016). «Physiological effects of noise». En: M. Solan y N. Whiteley (eds.), *Communication in fishes*. Enfield: Science Publisers, págs. 71-105.

Alianza Mar Blava (2014). «Ahogados en el ruido». Recuperado de: <https://alianzamarblava.org/wp-content/uploads/2014/08/Ahogados-en-elruido.pdf>

Bedriñana-Romano, L.; Hucke-Gaete, R.; Viddi, F.A. *et al.* (2021). «Defining priority areas for blue whale conservation and investigating overlap with vessel traffic in Chilean Patagonia, using a fast-fitting movement model». *Sci. Rep.*, 11, 2709. <https://doi.org/10.1038/s41598-021-82220-5>

Blair, H.B.; Merchant, N.D.; Friedlaender, A.S.; Wiley, D.N. y Parks, S.E. (2016). «Evidence for ship noise impacts on humpback whale foraging behaviour». *Biol. Lett.*, 12: 20160005. <http://dx.doi.org/10.1098/rsbl.2016.0005>

Christiansen, B.; Denda, A. y Christiansen, S. (2020). «Potential effects of deep seabed mining on pelagic and benthopelagic biota». *Marine Policy*, 114, 103442. <https://doi.org/10.1016/j.marpol.2019.02.014>

Day, J. C.; Laffoley, D. y Zischka, K. (2019). «Gestión y manejo de áreas marinas protegidas». En: G.L. Worboys, M. Lockwood, A. Kothari, S. Feary e I. Pulsford (eds.). *Gobernanza y manejo de áreas protegidas*. Bogotá: Editorial Universidad El Bosque y ANU Press, págs. 651-696. DOI: 10.22459/GGAP.2019.20.

De Haro, Cristian (2017). «Actividad hidrocarburífera off shore y prospecciones sísmicas en la Argentina. Impactos en la fauna marina, acciones de prevención y mitigación». En: *FRONTERAS*. Grupo de Ecología del Paisaje y Medio Ambiente (GEPAMA), Facultad de Arquitectura, Diseño y Urbanismo, Universidad de Buenos Aires. Núm. 15, págs. 61-72 (ISSN 1667-3999).

De Haro, J.C.; Perez Orsi, H.; Cané, S.; Di Pangracio, A.; Falabella, V. y Sapoznikow, A. (2022). *Informe colaborativo sobre el estado de situación. Riesgos e impactos de la prospección sísmica en el Mar Argentino.* Foro para la Conservación del Mar Patagónico y Áreas de Influencia. Recuperado de: <marpatagonico.org/publicaciones>

Duarte, C.M.; Chapuis, L.; Collin, S.P.; Costa, D.P.; Devassy, R.P.; Eguiluz, V.M.; Erbe, C.; Gordon, T.A.C.; Halpern, B.S.; Harding, H.R.; Havlik, M.N.; Meekan, M.; Merchant, N.D.; Miksis-Olds, J.L.; Parsons, M.; Predragovic, M.; Radford, A.N.; Radford, C.A.; Simpson, S.D.; Slabbekoorn, H.; Staaterman, E.; Van Opzeeland, I.C.; Winderen, J.; Zhang, X. y Juanes, F. (2021). «The soundscape of the Anthropocene Ocean». *Science,* 371, eaba4658. <https://doi.org/10.1126/science.aba4658>

Erbe, C.; Marley, S.A.; Schoeman, R.P.; Smith, J.N.; Trigg, L.E. y Embling, C.B. (2019). «The Effects of Ship Noise on Marine Mammals - A Review». *Front. Mar. Sci.,* 6:606. doi: 10.3389/fmars.2019.00606.

Forney, K.A.; Southall, B.L.; Slooten, E.; Dawson, S.; Read, A.J.; Baird, R.W. y Brownell, R.L. Jr. (2017). «Nowhere to go: noise impact assessments for marine mammal populations with high site fidelity». *Especies Endang Res,* 32:391-413. <https://doi.org/10.3354/esr00820>

Harding, S. y Cousins N. (2022). *Review of the Impacts of Anthropogenic Underwater Noise on Marine Biodiversity and Approaches to Manage and Mitigate them.* Technical Series No. 99. Secretariat of the Convention on Biological Diversity, Montreal, 145 páginas.

Hawkins, A. D. y Popper, A. N. (2017). «A sound approach to assessing the impact of underwater noise on marine fishes and invertebrates». *ICES Journal of Marine Science,* 74: 635-651.

Jericó Ojer, Leticia (2016). «Análisis de la relevancia penal de la contaminación acústica en ámbitos urbanos tras la reforma de los delitos contra el medio ambiente (LO 1/2015, de 30 de marzo)». *Revista Electrónica de Ciencia Penal y Criminología* (en línea), núm. 18-12, págs. 1-34. ISSN 1695-0194. Recuperado de: <http://criminet.ugr.es/recpc/18/recpc18-12.pdf>

La Manna, G.; Picciulin, M.; Crobu, A.; Perretti, F.; Ronchetti, F.; Manghi, M.; Ruiu, A. y Ceccherelli, G. (2021). «Marine soundscape and fish biophony of a Mediterranean marine protected area». PeerJ 9:e12551. DOI: 10.7717/peerj.12551.

Lecocq, T.; Hicks, S. P.; Van Noten, K.; Van Wijk, K.; Koelemeijer, P.; De Plaen, R. S. y Xiao, H. (2020). «Global quieting of high-frequency seismic noise due to COVID-19 pandemic lockdown measures». *Science*, 369(6509), 1338-1343.

Leturia, M. F. y Nugoli, S. C. (2017). «La contaminación por hidrocarburos. El caso "Magdalena"». *Anales de la Facultad de Ciencias Jurídicas y Sociales de la Universidad Nacional de La Plata* (46). Recuperado de <https://revistas.unlp.edu.ar/RevistaAnalesJursoc/article/view/4004>

Maglio, A.; Pavan, G.; Castellote, M. y Frey S. (2016). «Overview of the noise hotspots in the ACCOBAMS Area – Part I – Mediterranean Sea». Recuperado de: <https://accobams.org/wp-content/ uploads/2020/01/MOP6.Doc28Rev1_Overview_noise_hot_spots_-ACCOBAMS_area_Part_Mediterranean.pdf>

Marquès-Banqué, Maria (2018). «Protección penal del medio ambiente en la Unión Europea. Luces y sombras». En: P.M. de la Cuesta Aguado *et al.* (coord.). *Liber amicorum: estudios jurídicos en homenaje al profesor doctor Juan M.ª Terradillos Basoco*. Valencia: Tirant lo Blanch.

Marquès-Banqué, Maria (2021). «Environmental Crime. Assessing and enhancing EU compliance with international environmental law». En: Mar Campins Eritja (ed.). *The European Union and Global Environmental Protection. Transforming Influence into Action*. Nueva York: Routledge, págs. 132-148.

Marquès-Banqué, Maria (2021). «Problemas de persecución del tráfico internacional de fauna silvestre: la ilicitud solo en origen». En: Cuerda Arnau, M.L (dir.) y Periago Morant, J.J. (coord.). *De animales y normas. Protección animal y derecho sancionador*. Valencia: Tirant lo Blanch.

Matallín Evangelio, A. (2021). «El art. 332 CP: el concepto de especie protegida y otras cuestiones de legalidad y ofensividad». *Revista General de Derecho Penal*, 36. ISSN-e 1698-1189.

Merchant, N.; Brookes, K.; Faulkner, R.; Bicknell, A.; Godley, B. y Witt, M. J. (2016). «Underwater noise levels in UK waters». *Scientific Reports*, 6(1). <https://doi.org/10.1038/srep36942>

Merchant, N.D. (2019). «Underwater noise abatement: Economic factors and policy options». *Environmental Science and Policy*, 92, págs. 116-123. DOI: <10.1016/j.envsci.2018.11.014>

Ministerio de Agricultura, Alimentación y Medio Ambiente (2012). «Documento técnico sobre impactos y mitigación de la contaminación acústica marina». Madrid, 146 páginas. NIPO: 280-12-232-2

Morelle Hungría, E. (2018). «El ruido en el mar como amenaza de la conservación de la biodiversidad y su concepción como delito ambiental». Universidad de Alicante. CONAMA. Recuperado de: <www.conama2018.org>

Morelle Hungría, E. (2019). «Comentarios al Real Decreto 1365/2018, de 2 de noviembre, por el que se aprueban las estrategias marinas». *Actualidad Jurídica Ambiental*, 88, Sección «Comentarios de legislación». ISSN: 1989-5666 NIPO: 693-19-001-2.

Morelle Hungría, E. (2020). «Comprendiendo el desarrollo jurídico y retos de la contaminación acústica subacuática en España y Noruega». *Actualidad Jurídica Ambiental*, 107, págs. 69-91. ISSN-e 1989-5666.

Morelle Hungría, E. (2020). «La protección de la biodiversidad marina frente al ruido subacuático: ¿es necesario incorporar valores umbral?». *Revista de la Escuela Jacobea de Posgrado*, 19, págs. 73-96. ISSN 2007-3798. <http://revista.jacobea.edu.mx/>

Morelle Hungría, E. (2021). «El ruido en el mar: ¿es necesario abordarlo desde el principio de precaución?». *Bioderecho.es* (12), 11 págs. <https://doi.org/10.6018/bioderecho.459071>

Naciones Unidas (2018). «Océanos y derecho del mar». En: *Informe del Secretario General A/73/68*. Asamblea General de las Naciones Unidas. Recuperado de: <http:// undocs.org/a/73/68>

OceanCare (2021). «Quiet Waters for Whales and Dolphins: the one-time opportunity to avoid, reduce and mitigate noise-generating activities in the Mediterranean Cetacean Migration Corridor». ISBN 978-3-033-08795-8. Recuperado de: <https://www.oceancare.org/wp-content/uploads/2021/11/Quiet-Waters-en-web.pdf>

Pieretti, N. y Danovaro, R. (2020). «Acoustic indexes for marine biodiversity trends and ecosystem health». *Phil. Trans. R. Soc. B*, 375: 20190447. <http://dx.doi.org/10.1098/rstb.2019.0447>

Redondo, L. y Ruiz Mateo, A. (2017). «Ruido subacuático: fundamentos, fuentes, cálculo y umbrales de contaminación ambiental». *Ingeniería Civil* 186/2017, págs. 73-94. <http://www.cedex.es/NR/rdonlyres/3A5F4F9A-6B54-4EBC-98CE-57A0E264DDD1/146077/RuidoSubacuatico186.pdf>

Risch, D.; Belin, A.; Entrup, N.; Leaper, R.; Panella, E.; Taylor, B.; Weilgart, L.; Werner, S. y Ziebarth, N. (2020). «Underwater Noise – The neglected threat to marine life», 14 págs. <https://www.bund.net/meere/unterwasserlaerm/>

Širović, A.; Evans K., Garcia-Soto C.; Hildebrand J.A., Jesus S.M. y Miller, J.H. (2021). «Chapter 20: Trends in inputs of anthropogenic noise into the marine environment». En: *The Second World Ocean Assessment WORLD OCEAN ASSESSMENT II. Volume II (WOA II)*. Oficina de Asuntos Jurídicos de las Naciones Unidas. ISBN 9789216040062 DOI: <https://doi.org/10.18356/9789216040062>

Thomsen, F.; Mendes, S.; Bertucci, F.; Breitzke, M.; Ciappi, E.; Cresci, A.; Debusschere, E.; Ducatel, C.; Folegot, F.; Juretzek, C.; Lam, F-P.; O'Brien, J. y dos Santos, M. E. (2021). «Addressing underwater noise in Europe: Current state of knowledge and future priorities». En: Kellett, P.; van den Brand, R.; Alexander, B.; Muniz Piniella, A.; Rodriguez Perez, A.; van Elslander, J. y Heymans, J. J. (eds.). *Future Science Brief 7 of the European Marine Board*, Ostende, Bélgica. ISSN: 2593-5232. ISBN: 9789464206104. DOI: 10.5281/zenodo.5534224

Veirs, S.; Veirs V.; Williams R.; Jasny, M. y Wood J. (2018). «A key to quieter seas: half of ship noise comes from 15% of the fleet». <https://doi.org/10.7287/peerj.preprints.26525v1>

Weilgart, L. (2017). «The impact of ocean noise pollution on fish and invertebrates». OceanCare y Dalhousie University, Canadá / Suiza. 23 págs. Recuperado de: https://www.oceancare.org/wp-content/uploads/2017/10/OceanNoise_FishInvertebrates_May2018.pdf

Williams, R. *et al.* (2015). «Impacts of anthropogenic noise on marine life: Publication patterns, new discoveries, and future directions in research and management». *Ocean Coast. Manag.*, 115, págs. 17-24.

Wright, A.J. (2014). «Reducing Impacts of Human Ocean Noise on Cetaceans: Knowledge Gap Analysis and Recommendations». WWF International, Gland, Suiza. <https://www.wwf.de/fileadmin/fm-wwf/Publikationen-PDF/Report-Reducing-Impacts-of-Noise-from-Human-Activities-on-Cetaceans.pdf>

Notas y artículos de prensa

Arrastia, D. (2020). «El hombre que escucha los océanos». *El Mundo*. Nota sobre Michel André en *El Mundo*. Consultada el 22/05/2022. Recuperado de: <https://planetainteligente.elmundo.es/personas/el-hombre-que-escucha-los-oceanos>

Carrere, M. (15 de febrero 2021). «Chile: científicos demuestran cómo las ballenas son asediadas por cientos de barcos en la Patagonia». *Mongabay*. Recuperado de: <https://es.mongabay.com/2021/02/chile-cientificos-demuestran-como-las-ballenas-son-asediadas-por-cientos-de-barcos-en-la-patagonia/>

CROUTH, G. y SGQOLANA, T. (28 de diciembre de 2021). «Take that, Shell! Locals hail victory over 'bullies' after court halts Wild Coast blasting». *Daily Maverick*. Recuperado de: <https://www.dailymaverick.co.za/article/2021-12-28-take-that-shell-locals-hail-victory-over-bullies-after-court-halts-wild-coast-blasting/>

GIBBENS, S. (26 de septiembre de 2019). «Gran parte de las áreas marinas protegidas son "parques de papel"». *National Geographic*. Recuperado de: <https://www.nationalgeographic.es/medio-ambiente/2019/09/gran-parte-areas-marinas-protegidas-son-parques-de-papel>

HASKELL, D.G. (12 de abril de 2022). «An ocean of noise: how sonic pollution is hurting marine life». *The Guardian*. Recuperado de: <https://www.theguardian.com/environment/2022/apr/12/ocean-of-noise-sonic-pollution-hurting-marine-life>

LORENZEN, J. (28 de diciembre de 2021). «Shell stopped! A community's generational defence of their land, the sea and their environment must be protected by the Constitution». *Daily Maverick*. Recuperado de: <https://www.dailymaverick.co.za/article/2021-12-28-shell-stopped-a-communitys-generational-defence-of-their-land-the-sea-and-their-environment-must-be-protected-by-the-constitution/>

McVEIGH, K. (10 de marzo de 2022). «UN ocean treaty is 'once in a lifetime' chance to protect the high seas». *The Guardian*. Recuperado de: <https://www.theguardian.com/environment/2022/mar/10/un-ocean-treaty-is-once-in-a-lifetime-chance-to-protect-the-high-seas>

XOLO, N. (16 de diciembre de 2021). «Shell's controversial seismic survey threatens to diminish a whole way of life». *Daily Maverick*. Recuperado de: <https://www.dailymaverick.co.za/article/2021-12-16-shells-controversial-seismic-survey-threatens-to-diminish-a-whole-way-of-life/>